伟大的博物馆·少年版

柏林国家博物馆绘画陈列馆

李 蔚 编著

河北出版传媒集团
河北教育出版社

图书在版编目（CIP）数据

柏林国家博物馆绘画陈列馆 / 李蔚编著 . -- 石家庄：河北教育出版社，2023.8
（伟大的博物馆：少年版）
ISBN 978-7-5545-7692-2

Ⅰ.①柏… Ⅱ.①李… Ⅲ.①博物馆—柏林—少年读物 Ⅳ.① G269.516-49

中国国家版本馆 CIP 数据核字（2023）第 043894 号

书　　名	柏林国家博物馆绘画陈列馆
	BOLIN GUOJIA BOWUGUAN HUIHUA CHENLIEGUAN
编　　著	李蔚
出版人	董素山
总策划	贺鹏飞
责任编辑	孙亚蒙
特约编辑	刘文硕　王兰英
装帧设计	鹏飞艺术

出　　版	河北出版传媒集团
	河北教育出版社　http://www.hbep.com
	（石家庄市联盟路 705 号，050061）
印　　制	三河市中晟雅豪印务有限公司
开　　本	710 mm×1000 mm　1/16
印　　张	8
字　　数	99 千字
版　　次	2023 年 8 月第 1 版
印　　次	2023 年 8 月第 1 次印刷
书　　号	ISBN 978-7-5545-7692-2
定　　价	29.80 元

版权所有，侵权必究

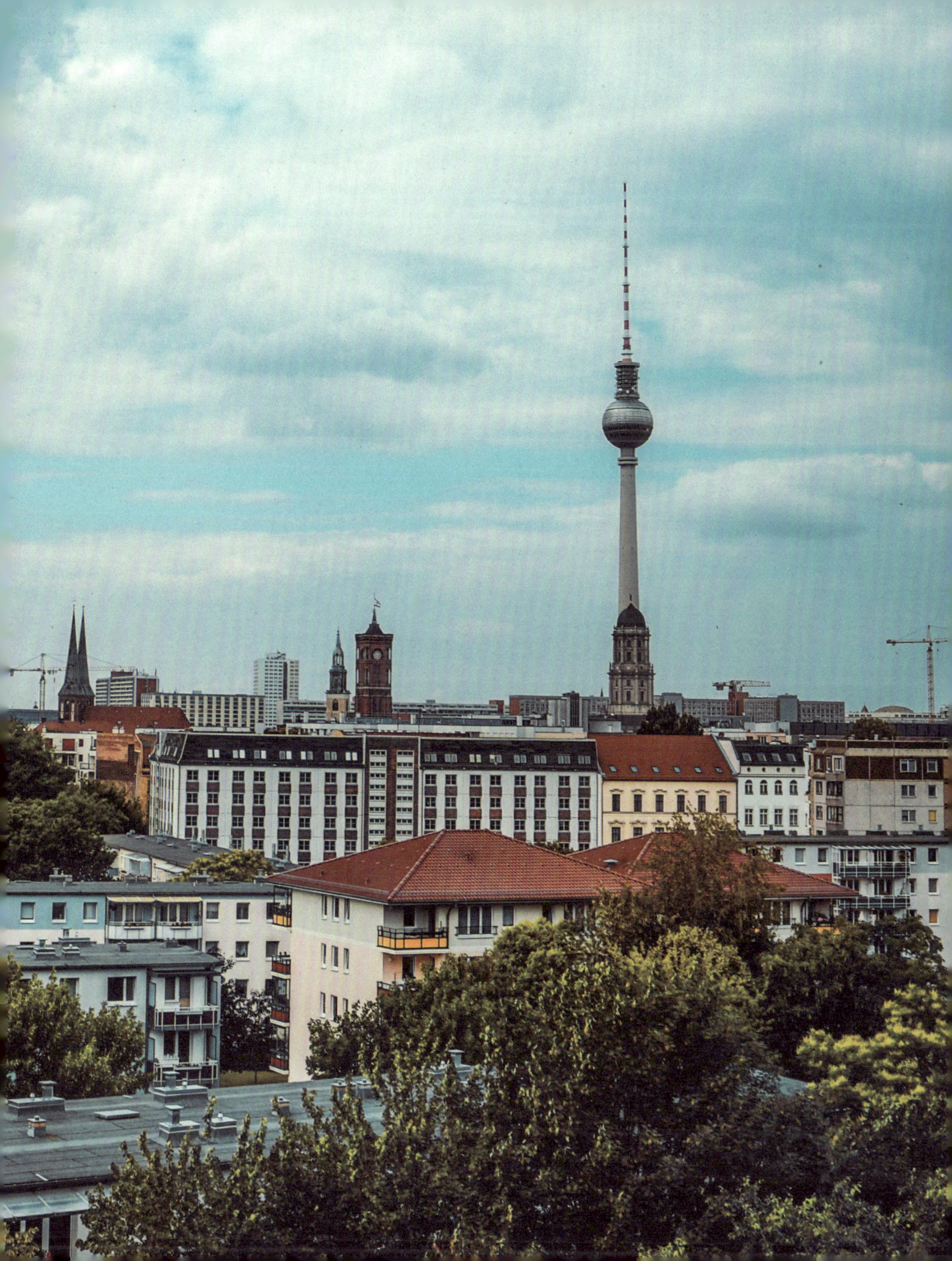

写给读者的话

杭 间

中国美术学院教授　博士生导师
中国美术学院艺术博物馆群总馆长
全国高校艺术博物馆联盟副理事长

博物馆现在有了全新的定义。从过去仅对奇珍异宝的展示，到今天提倡的文化多元共生的平等交流，博物馆已经成为各国公众最重要的文化参与和交流的场所。这使得博物馆的功能被大大拓展了。

过去我出国考察，博物馆是必去之处，即使时间有限也尽量赶去。后来，由于参与筹建清华大学艺术博物馆和中国美术学院中国国际设计博物馆，我有机会参访了世界上许多著名的艺术博物馆和设计博物馆。那一座座历经岁月磨洗的博物馆建筑，一件件雕塑、绘画杰作以及设计史上的名作，都给我留下了难以磨灭的记忆。

从亚历山大时期建造的第一座珍藏古器物的博物馆，到文艺复兴以及后来所建造的每一座伟大的博物馆，它们都有着独特的起源和历史。从巴黎的卢浮宫到伦敦的大英博物馆，从圣彼得堡的艾尔米塔什博物馆到纽约的大都会艺术博物馆……都是绵长的历史文化的缩影和人类文明再现的文化地标。它们静默不语，却承载着人类艺术的奇迹，成为当代人与历史交流的桥梁和纽带。

现实博物馆的参观总有其局限性。每次我都仔细选择那些印制精良的出版物，不管它们多沉，哪怕航班托运超重，我也要设法带回来。

现在，我们在引进出版了《伟大的博物馆》系列的基础上，又聚焦少年群体，组织编写了《伟大的博物馆·少年版》系列。该系列图书不囿于博物馆本身，在内容编写上融合了博物馆与相关国家、城市的历史文化背景，以及艺术作品与其社会文化背景，使艺术与历史、与文化融为一体。读者既可以欣赏艺术，又可以通过历史叙述思索更多的问题。该系列图书不是简单的艺术普及，而是希望能够帮助少年读者拓宽艺术视野，提高艺术修养，融入世界艺术的大环境之中。因此，出版该系列图书是一件非常有价值的事情。

世界文化尊重多元，这是一个大趋势。在全球化遭遇暂时挫折的时候，中国的少年一代应在中华民族伟大复兴的征程上吸纳世界文化的精华，通过著名博物馆的作品进一步了解西方的文化和艺术，思考中国文化的未来。这样的美育教育对少年来说是非常必要的。

因此，我祝贺该系列图书的出版，并希望其能够成为少年的良师益友，帮助他们放眼未来。

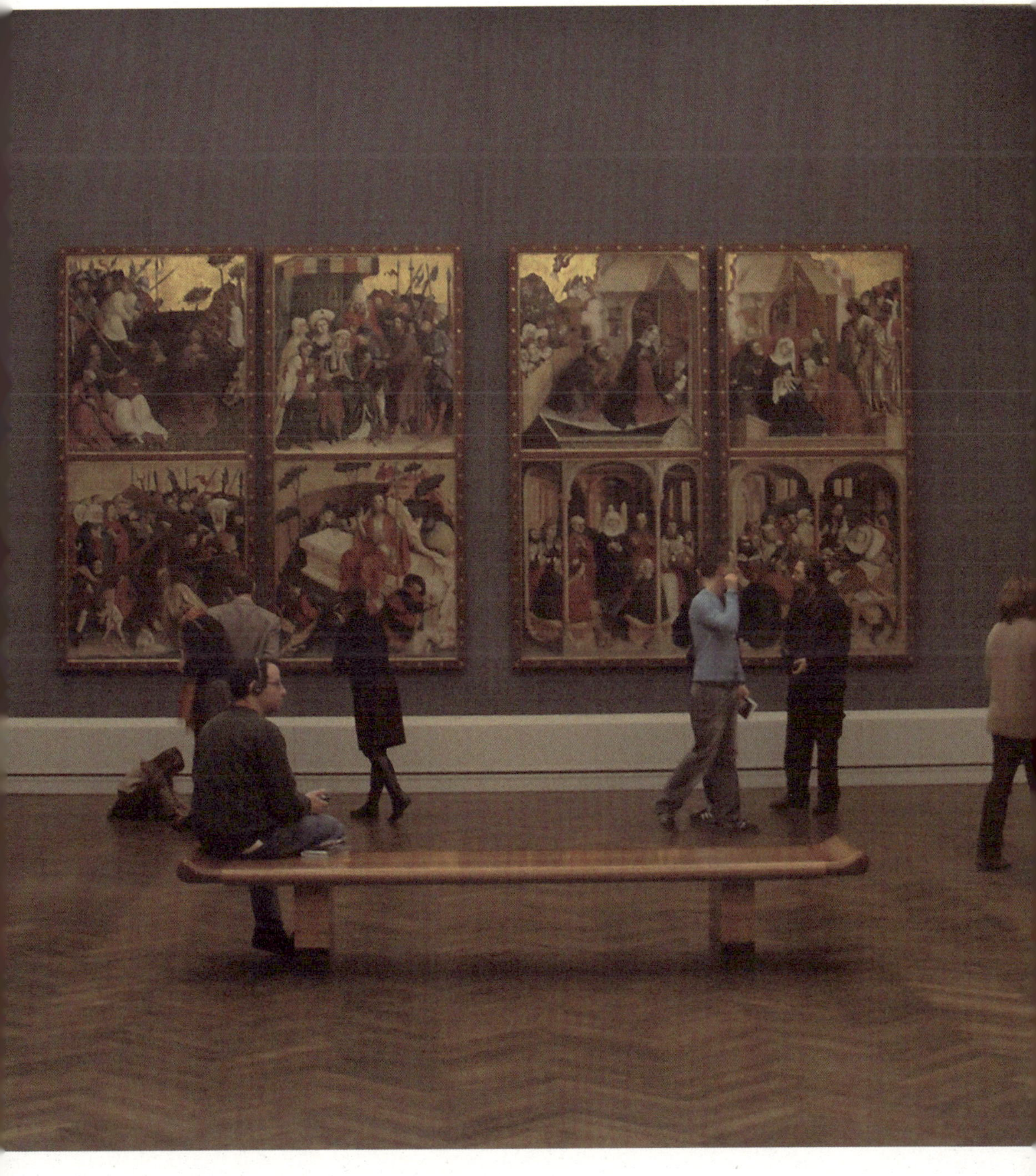

目 录

002　走近柏林国家博物馆绘画陈列馆

004　柏林国家博物馆绘画陈列馆是什么？

005　源于皇家的老牌画廊

011　不断扩充的辉煌收藏

016　动荡年代的双子星

021　无法弥补的缺憾

025　柏林文化广场上的明珠

032　柏林国家博物馆绘画陈列馆有什么？

034　三博士来朝

042　圣母子

048　乔治·吉兹像

056　尼德兰箴言

064　马勒·巴伯

070　有玻璃杯和银器的静物

076　科尔奈利兹·克莱兹·安斯洛与夫人的画像

084　葡萄酒杯

094　法国戏剧中的爱情

104　腓特烈大帝

110　热气球升空

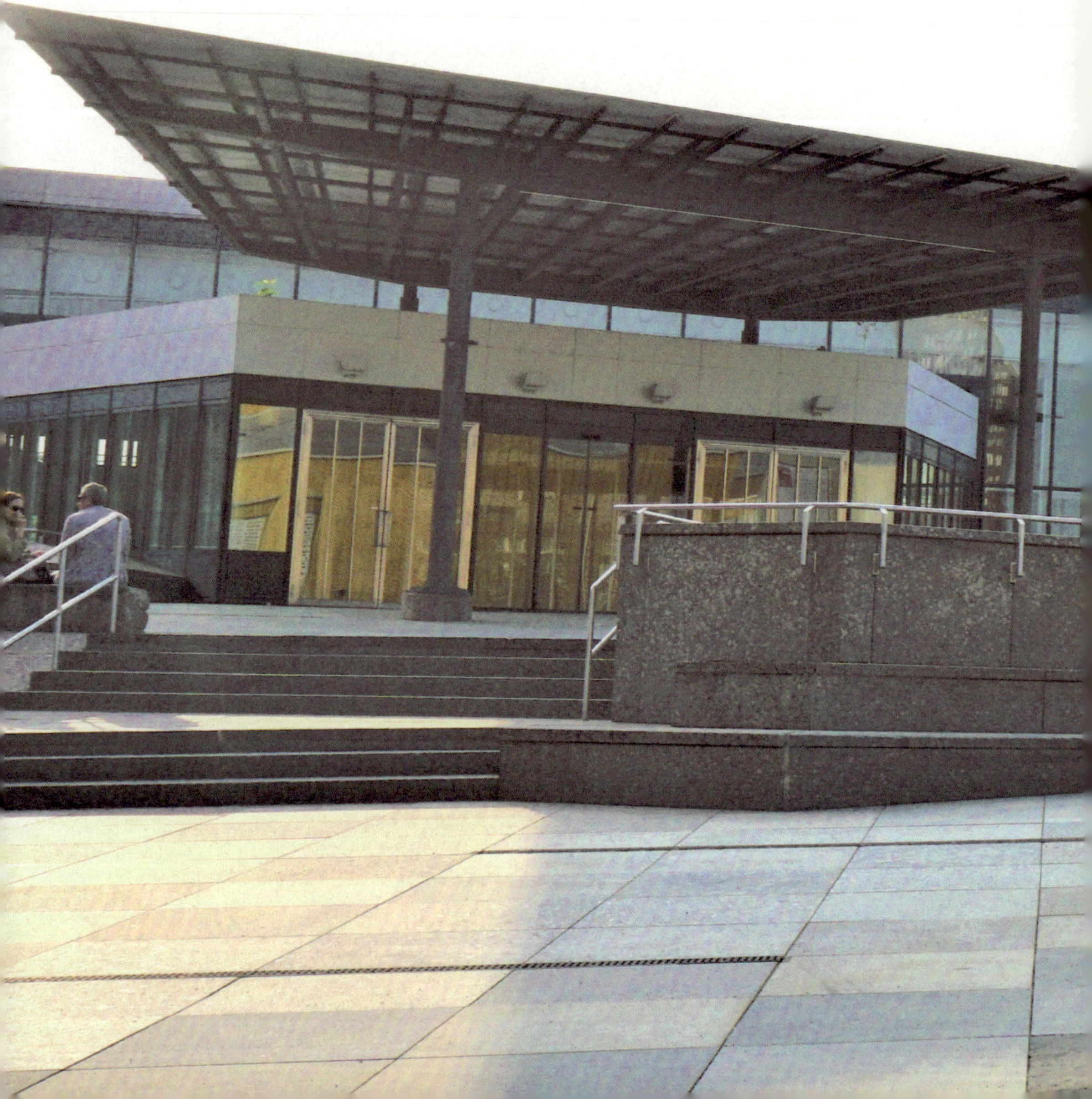

Kulturforum

Gemäldegalerie
Kupferstichkabinett
Kunstbibliothek

走近柏林国家博物馆绘画陈列馆

20 世纪中叶之前，欧洲艺术在世界舞台上占据着主导地位，各国均孕育出许多非常杰出的艺术家及艺术作品。德国曾是强大的"德意志神圣罗马帝国"，是西欧最早参与文艺复兴运动的国家之一，有着深厚的文化底蕴和悠久的艺术传统。历史上很多杰出的作品被贵族、资本家保存了下来，最后被送进美术馆。这些艺术品最终构成了民族记忆的因子。如果你想要了解欧洲的传统文化，那就一定要去德国的美术馆看看。

今天要介绍的这座位于德国首都柏林的国家博物馆绘画陈列馆，名字听上去并无特殊之处，但它算得上德国历史上最悠久的美术馆之一。绘画陈列馆的成立最早可追溯至 1830 年，它是最早的皇家私人收藏室转变为公共文化场所的典型。经过多次大规模的艺术品收购活动，其巅峰时期的藏品水平绝不逊于欧洲任何一座美术馆。虽然绘画陈列馆在两次世界大战期间遭逢变故，遗失了很多大型画作，导致它在大尺幅作品数量方面无法跻身一流美术馆行列，但这一缺憾并不影响其卓越的展陈品质和历史地位。

走进绘画陈列馆，我们可以看到"文艺复兴美术三杰"之一拉斐尔的《圣母子》，荷兰黄金时代的精品力作，普鲁士王国时期尊贵的腓特烈大帝的肖像，对第一次热气球升空事件的描绘……虽然绘画陈列馆的名称屡次变更，但其中画作的风采依旧，对后世的影响深远。

柏林国家博物馆绘画陈列馆是什么?

源于皇家的老牌画廊

在德国著名的波茨坦广场边上,坐落着一座"低调"的美术馆——柏林国家博物馆绘画陈列馆,也有人依据它的德语名(Gemäldegalerie),将其称为"油画美术馆"。由于这座美术馆位于德国的首都柏林,人们又亲切地称它为"柏林美术馆"。

17世纪时,勃兰登堡公国还是德国的一个邦国,由腓特烈家族统治。1675年,勃兰登堡首领、大选帝侯腓特烈·威廉不仅继承了前朝遗留下来的艺术遗产,而且着手将众多绘画珍品汇集到柏林。这些珍品大部分是荷兰艺术家的绘画,成为当时柏林城市宫艺术珍宝馆最主要的藏品。

1798年,有人提议建造一座美术馆,用于展示古代雕塑和来自皇室的绘画,让每一个对艺术感兴趣的人都可以来这里参观。本来,手中握有无上权力的国王完全可以按照自己的喜好设计这座美术馆,但腓特烈家族没有这么做,他们以更加开阔、长远的眼光,让美术馆承担起普及全民文化的职能。这真是一个让大众受益的好想法!王室藏品不再只供君王赏玩,而是成为提高公众艺术素养的一种途径。

在国王腓特烈·威廉三世的精心策划下,这个提议最终在19世纪初实现了。为了建造这座美术馆,还成立了一个专门的艺术委员会,当时最有学识、最有品位的学者都来参与,其中就包括柏林洪堡大学的创始人威廉·冯·洪堡;许多那个时代最优秀的建筑师和艺术家也参与进来,

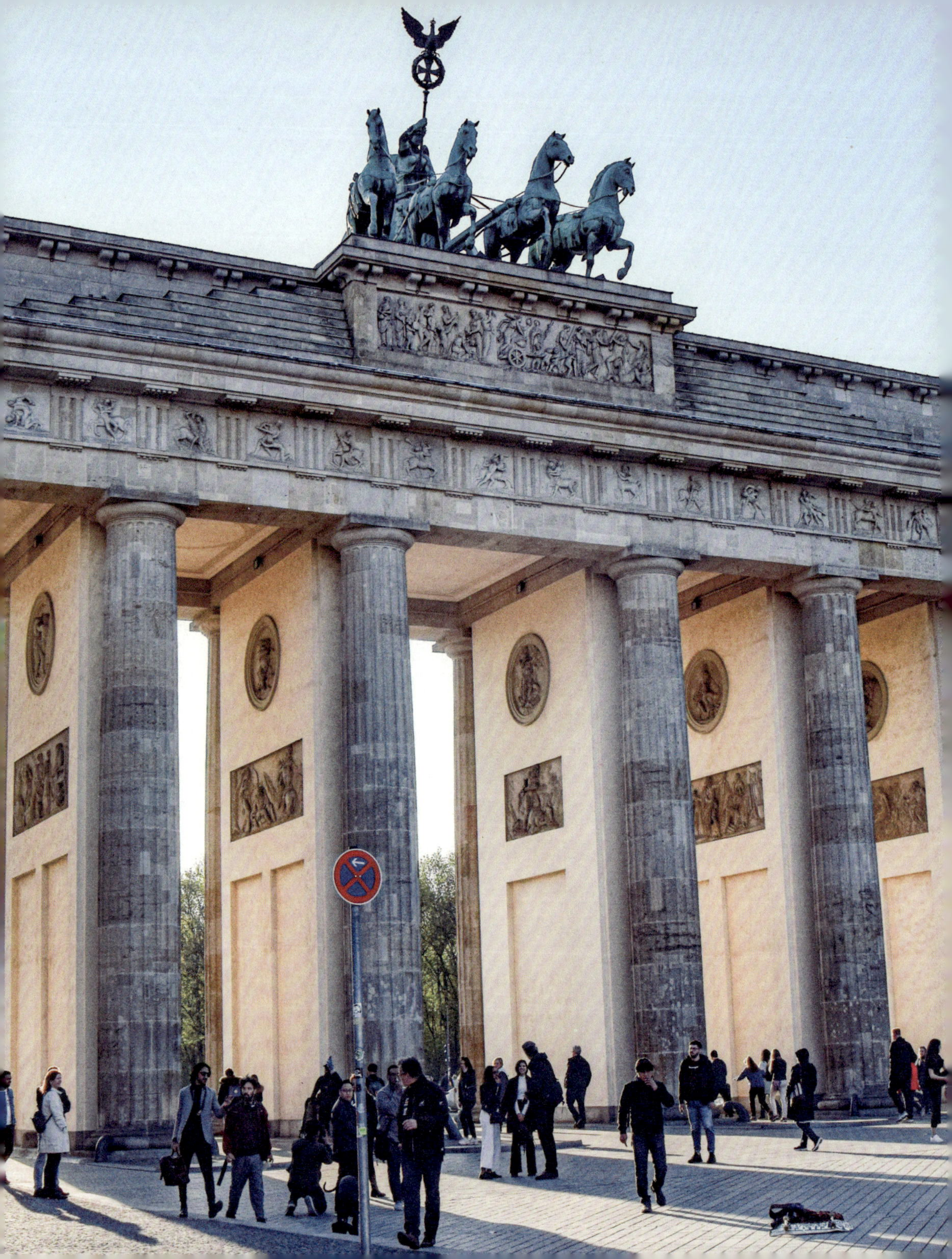

柏林国家博物馆绘画陈列馆的外墙

艺术委员会的成员之一古斯塔夫·弗里德里希·瓦根成为首位负责人。1830年，绘画陈列馆正式向民众开放，开始弘扬与传播文化精神。

美术馆的发展离不开稳定的社会环境，腓特烈·威廉为此提供了强有力的保障。作为勃兰登堡大选帝侯，他使国家拥有一支强大的军队，将零散的领地统一，建立了井然有序的国家，为开创勃兰登堡－普鲁士公国的盛世奠定了基础。他本人酷爱艺术和收藏，那些前王朝的遗产——荷兰黄金时代的绘画作品，就曾经作为装饰悬挂在他的住所。

← 波茨坦广场前的勃兰登堡大门

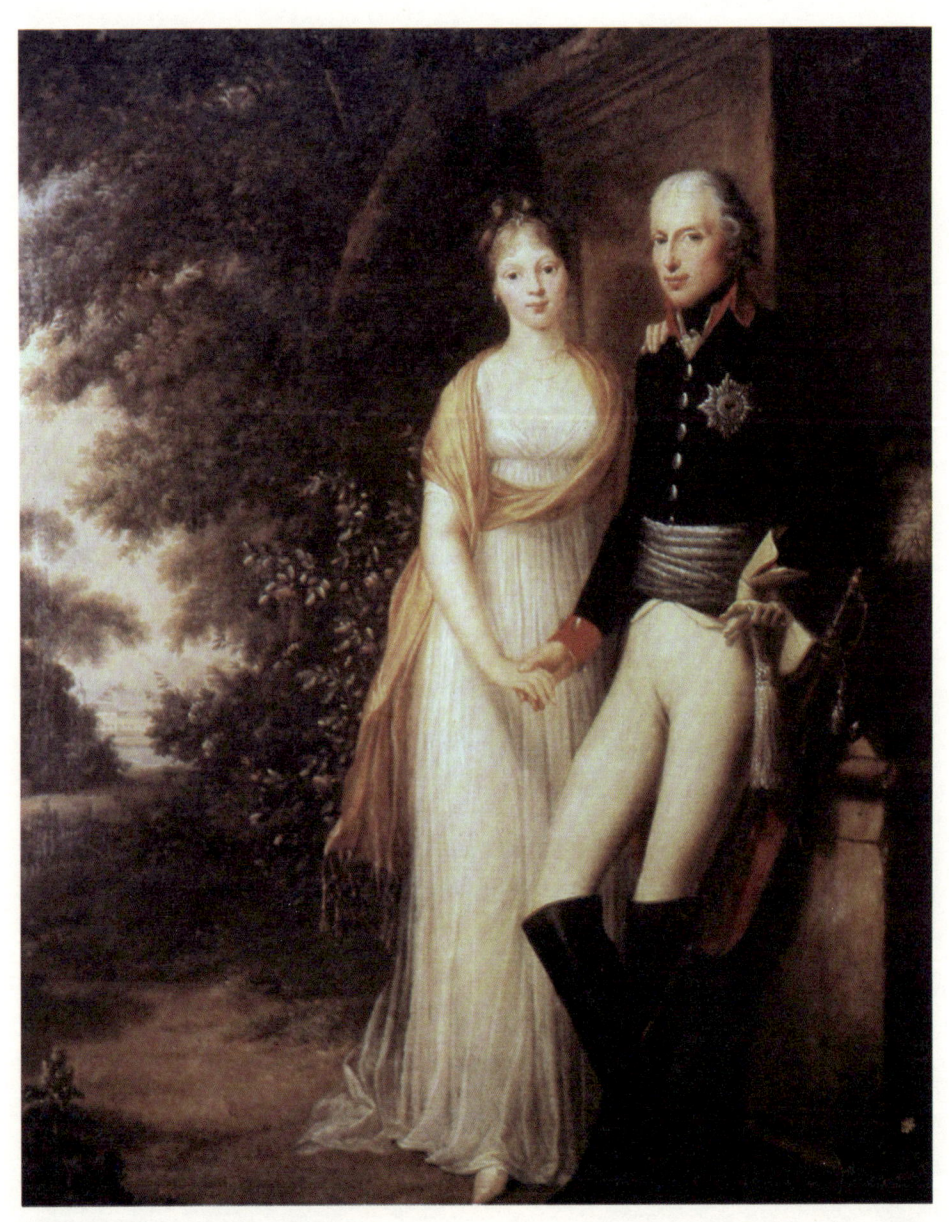

腓特烈·威廉三世与王后露易丝肖像
弗里德里希·乔治·魏茨
1794年 97cm×76cm 布面油画
藏于柏林国家博物馆绘画陈列馆

胜利的爱神
卡拉瓦乔
1602年　156cm×113cm　布面油画
藏于柏林国家博物馆绘画陈列馆

年轻女子像
彼得鲁斯·克里斯蒂
约 1470 年　29cm×22.5cm　木板蛋彩画
藏于柏林国家博物馆绘画陈列馆

不断扩充的辉煌收藏

为了满足更多人的艺术欣赏需求,绘画陈列馆在王室收藏的基础上一次又一次地扩充了藏品。1815 年,艺术委员会实施了第一次收购,买下朱斯蒂尼亚尼的私人收藏,其中囊括了大量早期巴洛克风格的意大利绘画。此时,馆藏绘画作品数量增至近 1200 幅,绘画陈列馆朝着全面发展的目标迈进。

1821 年,艺术委员会在古斯塔夫·弗里德里希·瓦根的主导下,从英国富商爱德华·索利手中购得 345 幅作品,完成了美术馆最重要的原始积累。这些作品包括 13—16 世纪德国和意大利绘画的珍品,以及 15—17 世纪"低地国家"(包括今荷兰、比利时和卢森堡等)的藏品。

1870 年之后,时任馆长的威廉·冯·博德带头实施了第三次大规模的扩充,使这座美术馆成为一座藏品日臻完善的综合性美术馆。他孜孜不倦地收购、扩充藏品,并在第一次世界大战来临之前神奇地完成了各板块绘画作品的补充,使中世纪之后各个时期的杰作都在这里得到呈现。博德仿佛凭借一己之力凑齐了大半个美术史的"拼图",这些板块分别是:

① 13—16 世纪德国绘画;
② 13—16 世纪意大利绘画;
③ 14—16 世纪荷兰绘画;
④ 15—18 世纪法国绘画;
⑤ 15—18 世纪西班牙绘画;
⑥ 17 世纪荷兰黄金时代绘画;

戴白色帽子的女人像
罗吉尔·凡·德尔·维登
1435年　47cm×32cm　木板油画
藏于柏林国家博物馆绘画陈列馆

威廉·冯·博德，19 世纪德国著名美术史家，博物馆学的创始人。曾任柏林博物馆总馆长。他特别喜欢伦勃朗的画作，《戴金盔的男子肖像》就是被他收入绘画陈列馆的

⑦ 17 世纪弗拉芒绘画；
⑧ 17—18 世纪意大利绘画；
⑨ 17—18 世纪德国绘画。

绘画陈列馆这段辉煌的扩充之旅暂时画上了句号。博德认为，美术馆的使命是为德国艺术提供国际视野和创作素材，让其在世界艺术的大背景下健康成长。因此，博德非常强调美术馆发展的均衡与全面，同时，他也希望博物馆在每个方面的发展都尽可能做到尽善尽美。为此，他付出了艰辛的努力。1960 年，为了纪念博德的卓越功绩，人们把这座由腓特烈国王建立的美术馆更名为"博德博物馆"。

戴金盔的男子肖像
伦勃朗
1648年　67.5cm×50.7cm
布面油画
藏于柏林国家博物馆绘画陈列馆

摇篮旁的母亲
彼得·德·霍赫
约 1662 年　92cm×100cm　布面油画
藏于柏林国家博物馆绘画陈列馆

动荡年代的双子星

第一次和第二次世界大战摧毁了一百多年来历尽千辛万苦收购来的藏品。尤其是第二次世界大战期间博德博物馆被炸毁，许多重要的祭坛画和大型作品不幸丢失或损坏，幸免于难的大部分藏品也都散落到德国各地，由博德馆长一手打造的"完整拼图"变得支离破碎。

自 1947 年至 1991 年之间，世界处于"冷战"时期，著名的"柏林墙"将柏林分成了"西柏林"和"东柏林"，博德博物馆中的藏品也被迫一分为二。当时，博德博物馆的艺术品被强行划分到两个地方保存：一个是"西柏林"的达勒姆美术馆，另一个是"东柏林"博物馆岛上的博德博物馆。隔着"柏林墙"，它们遥遥相望，就像宇宙中相互吸引的双子星。

自 1986 年始，事情出现了转机。先是"西柏林"政府计划在柏林文化广场上建造一座新的美术馆，也就是现在的绘画陈列馆，以使原本保存在达勒姆美术馆里的作品有全新的、更现代化的展陈空间。然后是 1991 年柏林墙被拆除，东德、西德恢复统一，达勒姆美术馆与博德博物馆中的艺术品也迎来了久违的团聚。不过，又有一个难题出现在人们面前：原"西柏林"的绘画陈列馆需接纳来自"东柏林"的博德博物馆里的全部藏品，也就是说，藏品的数量一下子增加到设计陈列馆时所规划容纳藏品数量的两倍。

如何解决这个难题呢？设计师只能想方设法地扩大馆藏量。绘画陈列馆的地下室被加以利用，布置成可以陈列艺术品的展厅。这一策略既有效节约了改造的成本，又能在短时间内营造良好的展出效果。最可贵的是，

"柏林墙"成为充满涂鸦和绘画的艺术墙

柏林老国家美术馆

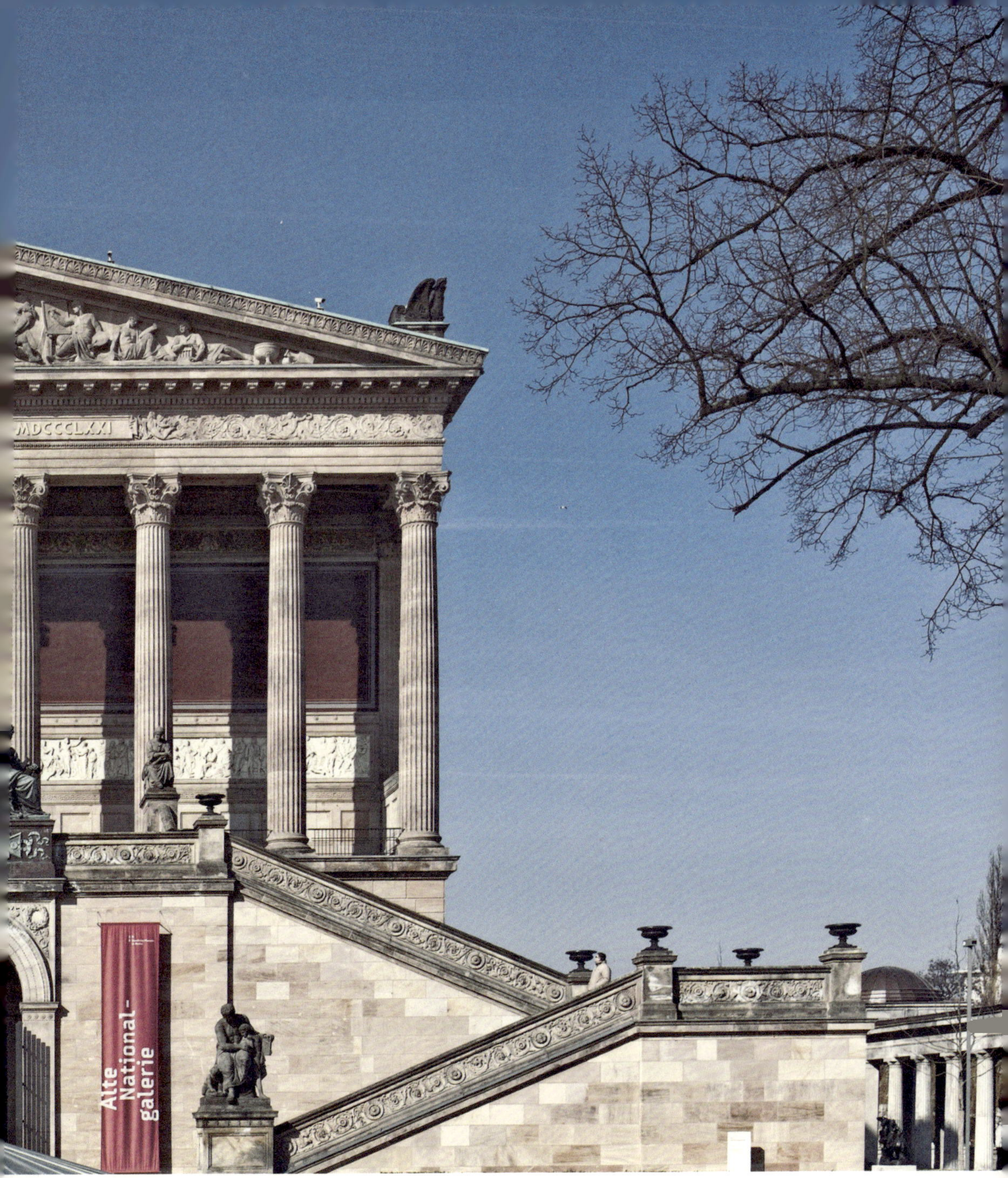
MDCCCLXXI
Alte
National-
galerie

博物馆岛上的博德博物馆

自1947年至1997年分离50年的"东一西"馆藏得以重聚一堂，再现昔日辉煌。

如今位于柏林中心地段米特区的博物馆岛已经是著名的旅游景点。这个小岛在施普雷河的两条河道的汇合处，岛上博物馆林立，分布着博德博物馆、老国家美术馆、老博物馆、新博物馆、佩加蒙博物馆，是名副其实的"博物馆岛"。

无法弥补的缺憾

今天的绘画陈列馆以中小尺寸的绘画藏品闻名于世,在大型绘画作品方面无法与世界一流的美术馆媲美。那么,为什么绘画陈列馆的大型作品比较少呢?细究其原因,还得追溯到第二次世界大战。

"二战"期间,为了避免遭到破坏,藏品都被安置在美术馆的地下室里,之后又被转移到弗里德里希海因的防空塔中。"二战"接近尾声时,德国军队被苏联军队反攻。在攻占柏林的几周前,苏联军队从防空塔里筛选出1125幅作品装上卡车,把它们运到德国中部一个叫图林根的联邦州并安放在一处盐矿井内。另外还有若干藏品被美国士兵抢去。之后,美军又将放置在图林根盐矿井内的藏品带到德国中西部城市威斯巴登的"中央艺术收藏据点",其中一些就再也没有归还。

而防空塔里最后剩下的约400幅大型作品,因难以运输至安全之地,惜遭战火毁坏。战乱让很多疑问永远留在了历史的迷雾当中。那些珍贵的祭坛画和大型作品从此消失了。无论是被其他国家抢占,还是由于战火等意外导致的大型绘画的损失,一直是绘画陈列馆无法弥补的遗憾。

1949年以来,由腓特烈国王博物馆(博德博物馆前身)协会牵头,博德博物馆一直在尽最大的努力,试图找回那些失去的作品。好在努力没有白费,四年之后,不少作品陆续回到柏林。但是很快,原来的博德博物馆被迫划分成"东""西"两个阵营。从莫斯科返回的那部分作品被送到

这种建筑是德国在第二次世界大战时期建造的防空掩体——防空塔，有较大的空间用于储存物资

达勒姆美术馆在 1998 年前后被并入绘画陈列馆,迁至新址(柏林文化广场)后,原来的建筑在 2011 年被欧洲文化博物馆征用

了"东柏林"的博德博物馆,其余返程的作品则被送至"西柏林"的达勒姆美术馆。经过战争的洗礼,加上途中辗转,这些作品饱受水汽侵袭,保存状况很差,有的甚至发霉、腐坏。

1957 年 7 月 25 日,普鲁士文化遗产基金会成立,其宗旨是保护和传承 1947 年解体的普鲁士王国的建筑、艺术品、重要档案和图书馆遗留物。1961 年,普鲁士文化遗产基金会对这些作品开展了修复工作,以尽可能挽回损失。

圣马太与天使
卡拉瓦乔
1602年　232cm×183cm　布面油画
1945年毁于战火

柏林文化广场上的明珠

在德国柏林蒂尔加滕区，有一个文化类建筑群，它的名字叫柏林文化广场，位于波茨坦广场西侧。这个文化广场是在第二次世界大战之后建起来的。让我们一起来看看绘画陈列馆是怎么加入这个大家庭的吧！

"二战"期间，柏林被破坏得面目全非。战争结束后，柏林人迫切地想重建家园。1946 年，许多知名建筑设计师迫不及待地参与到柏林的重建工作中，其中一位就是汉斯·夏隆。他负责柏林城的重建计划，提议把柏林文化广场这个区域打造为城市最重要的文化中心。

绘画陈列馆是在后期入驻文化广场的。那么，在这之前都有哪些令人印象深刻的建筑呢？新建的项目中，柏林爱乐音乐厅最早落成。1962 年至 1968 年间，路德维希·密斯·凡德罗接受委托，着手新国家美术馆的设计工作，广场东侧的波茨坦大道也相继铺设完成，普鲁士文化遗产中心、文化艺术博物馆、新国家图书馆等建筑相继落成。1967 年至 1976 年间，小音乐厅和乐器博物馆建成。到 1985 年柏林科学中心竣工为止，柏林文化广场已经初具规模。二十多年间，一座又一座现代化的新型建筑拔地而起，令人惊叹！

柏林文化广场很快聚集了西柏林大部分的文化资源，不过绘画陈列馆的入驻过程却相对曲折。在德国分裂时期，整个城市的公共艺术收藏一分为二，原博德博物馆里的藏品也被对半分。但到了 20 世纪 80 年代末，随着柏林文化广场的迅速崛起，新的纪念馆、博物馆被建造起来，等待艺术品来填充。

柏林爱乐音乐厅是柏林文化广场上最具标志性的建筑物

1990年东、西德走向统一，位于柏林墙附近的柏林文化广场成为连接东、西德的枢纽。时任柏林国家博物馆馆长的伍尔夫－迪特尔·杜布实施了他的计划——将达勒姆美术馆和博德博物馆的全部藏品转移到柏林文化广场的绘画陈列馆。耗资1.4亿美元、汇聚所有幸存艺术作品的绘画陈列馆终于在1997年竣工，成为20世纪末柏林文化广场上姗姗来迟的一颗璀璨的明珠。

绘画陈列馆联手20世纪60年代建成的新国家美术馆，和现代艺术博物馆等一齐助力柏林文化广场的发展，使它与博物馆岛并肩成为这座城市最重要的两个文化据点。此外，柏林文化广场上还有工艺美术博物馆、乐器博物馆、铜版画收藏室、现代艺术博物馆、柏林爱乐音乐厅、柏林室内音乐厅、新国家图书馆、美国研究院、科学中心等十余座文化类建筑。如果你有机会去柏林，可千万不要错过柏林文化广场。

现今柏林文化广场俯瞰图

新国家美术馆

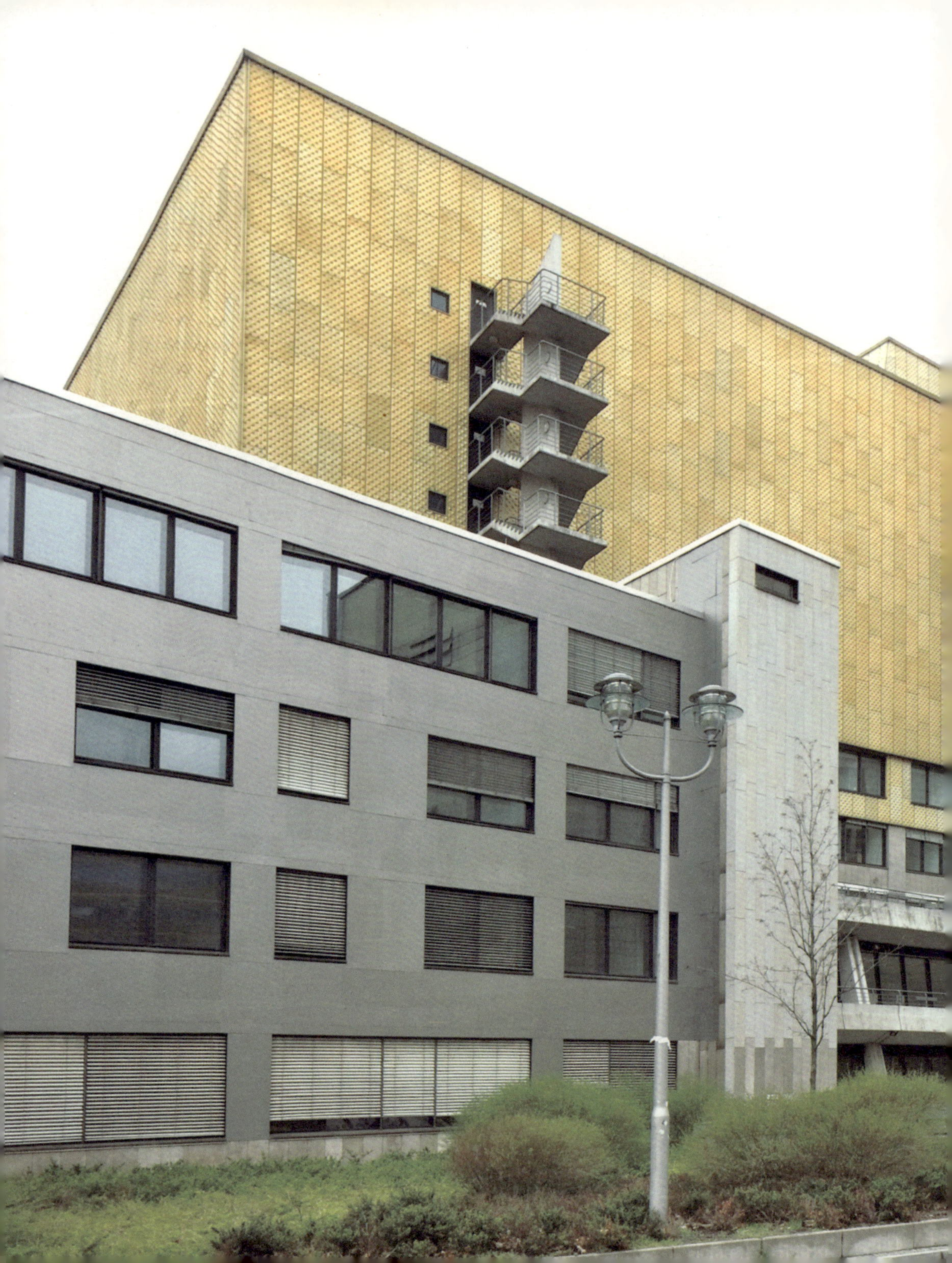

新国家图书馆

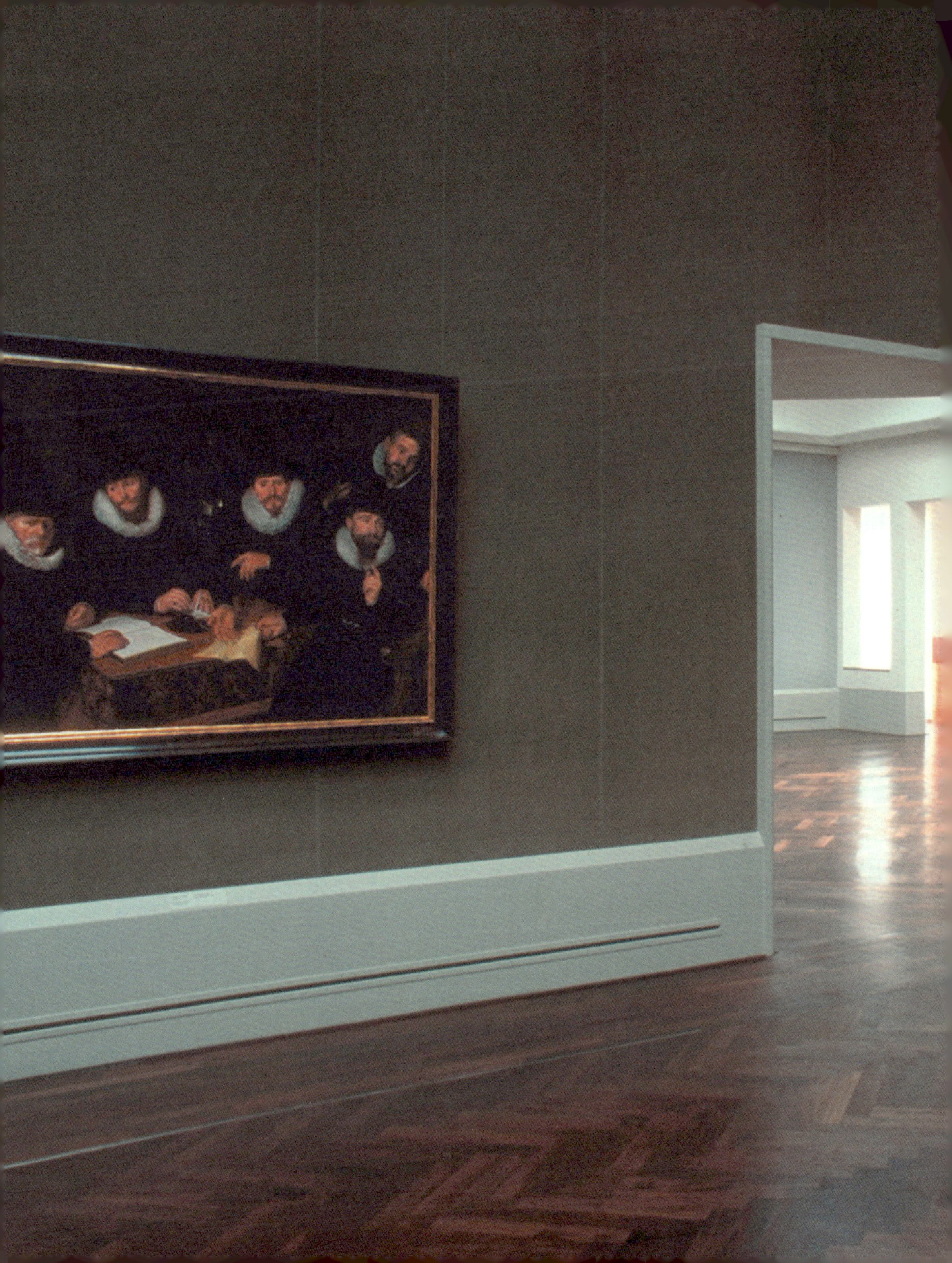

柏林国家博物馆绘画陈列馆内景一角

柏林国家博物馆绘画陈列馆有什么?

柏林国家博物馆绘画陈列馆内景

三博士来朝

马萨乔（1401—1428），意大利文艺复兴的先驱，文艺复兴绘画的奠基人，被称为"现实主义开荒者"。他是最早使用线性透视法的画家，其绘画技法成为西方美术发展的基础。

1425年—1428年
21cm×61cm
木板蛋彩画

"三博士来朝"是一个经典故事，也是文艺复兴时期画家们特别喜欢描绘的绘画主题之一。三博士，又称"三贤士""三国王""三智者"等。博士们向圣母子献上黄金、乳香和没药等礼物表达敬意。

画中的三位博士来自遥远的东方，其中最年长的一位博士拜倒在圣母子跟前，他激动地亲吻了圣子的脚，而圣子则为博士赐福。远道而来的博士穿着的长袍式的斗篷，与当时佛罗伦萨贵族穿的紧领长袍非常相似。这个传统题材的场景被马萨乔描绘得栩栩如生。画面左侧身穿蓝色长袍的女子和她腿上坐着的婴孩，便是圣母子。圣母马利亚总是穿着一身深蓝色的长袍，那纯净的蓝色象征着高贵与圣洁。

这幅作品原本是《比萨祭坛画》的一部分。令人遗憾的是，现在《比萨祭坛画》已经不复存在了。这幅《三博士来朝》曾经是放在祭台核心位置的画作，祭坛组画的各个散件现在被收藏于不同的博物馆里，一部分残件也收藏在绘画陈列馆中。

马萨乔是一位佛罗伦萨艺术家，是文艺复兴时期最早的大画家之一。他擅长使用透视法，能用最简单、朴素的绘画语言，将人物和肢体动作描绘得贴切、自然。马萨乔仅仅活到27岁，生命虽然很短暂，但他的绘画风格却对后世的艺术家产生了深远的影响。他善于观察自然，关注画面中的透视关系，力求真实地反映实际场景，表现自然和人类的真实世界。

036

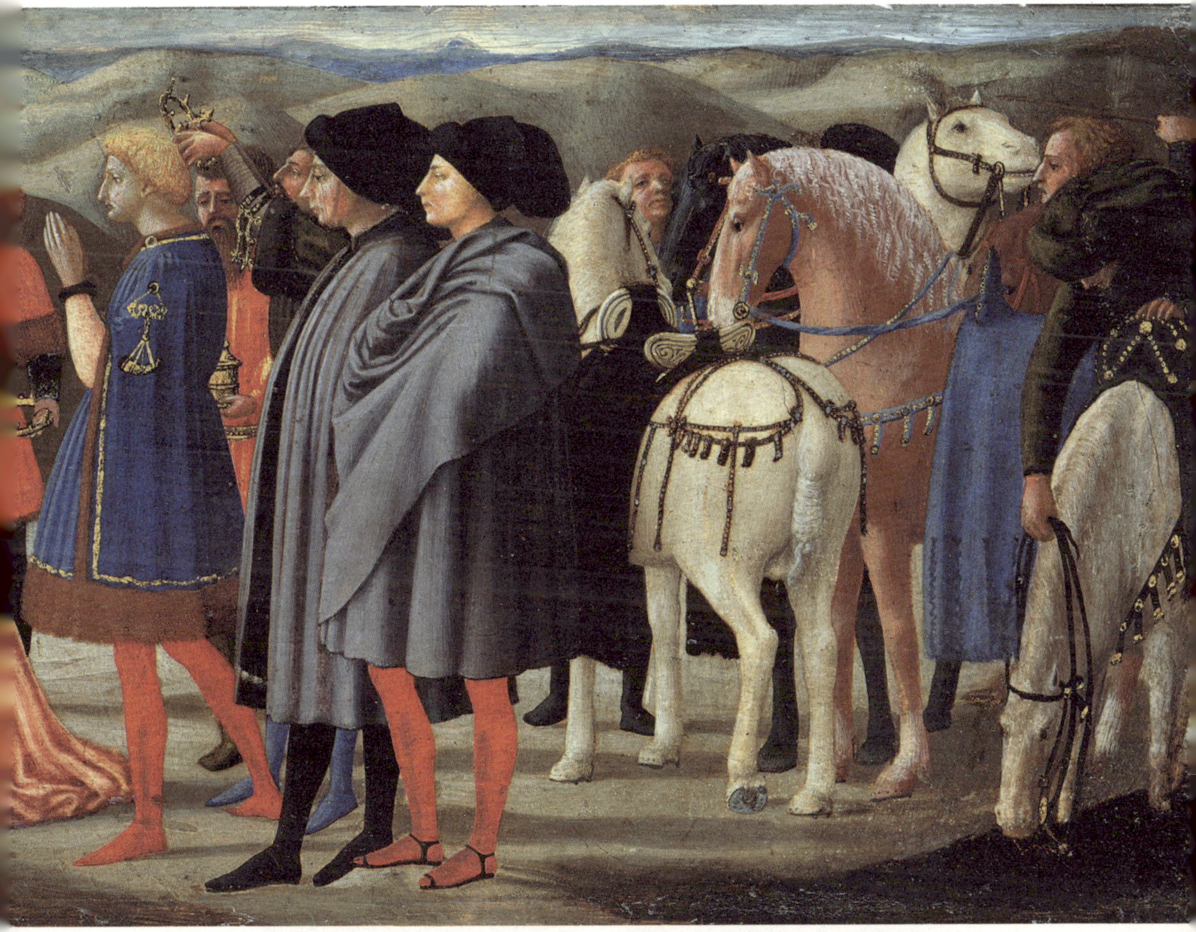

多明尼科·韦内齐亚诺被认为是继马萨乔之后在当时最具影响力的画家。他们同处于佛罗伦萨,是最早摆脱中世纪宗教画风格的艺术家。多明尼科擅长在宏大的场景中注入装饰元素,有时几乎达到了烦琐的程度,第41页的《三博士来朝》表现了与马萨乔的画相同的主题。现在它们都被收藏在绘画陈列馆中。

> 年长的博士朝拜圣母子,亲吻圣子的小脚丫,为表敬意,他把王冠摘下放在圣母的脚旁。圣母则坐在被精心雕琢的金色座椅上

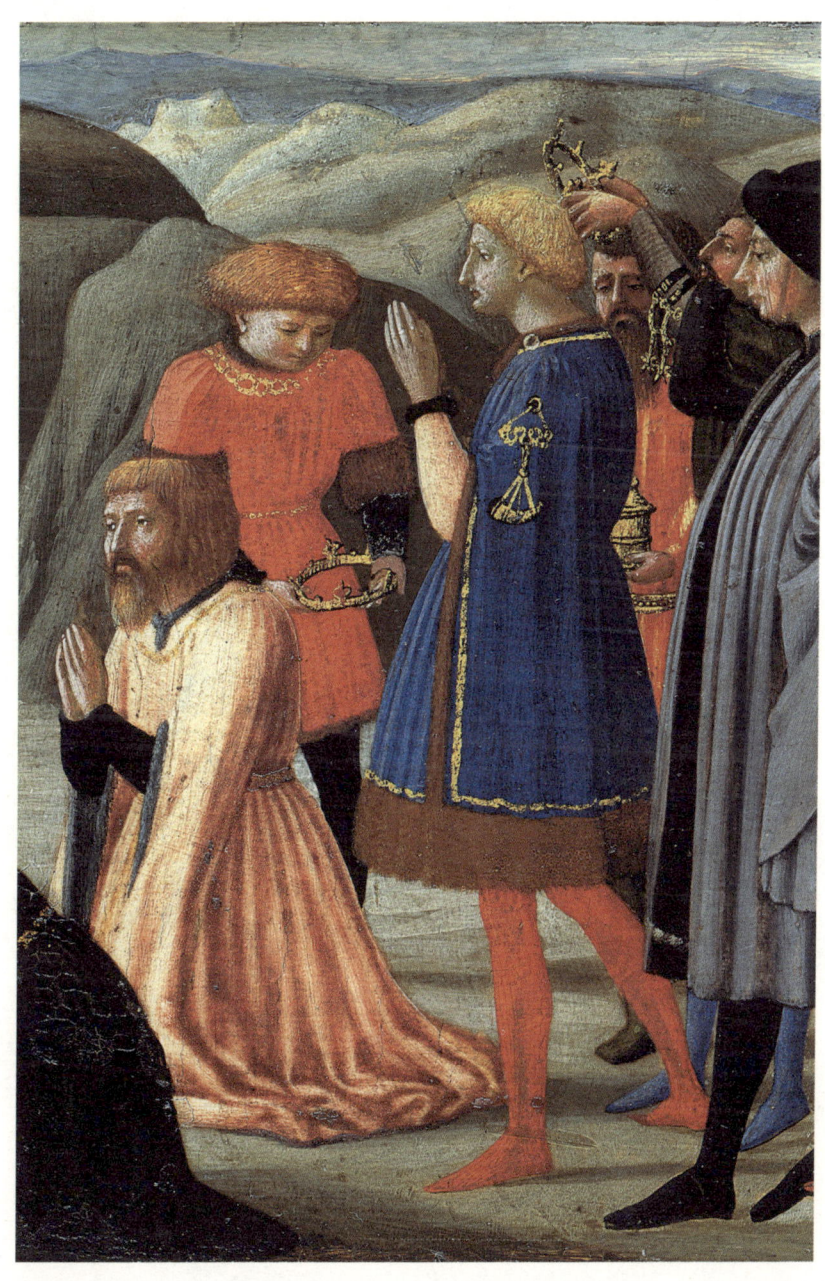

这两位博士双手合十,正在向圣母子祈祷,他们的金冠被身后的人取下,寓意着圣母子享有比博士更加崇高的地位

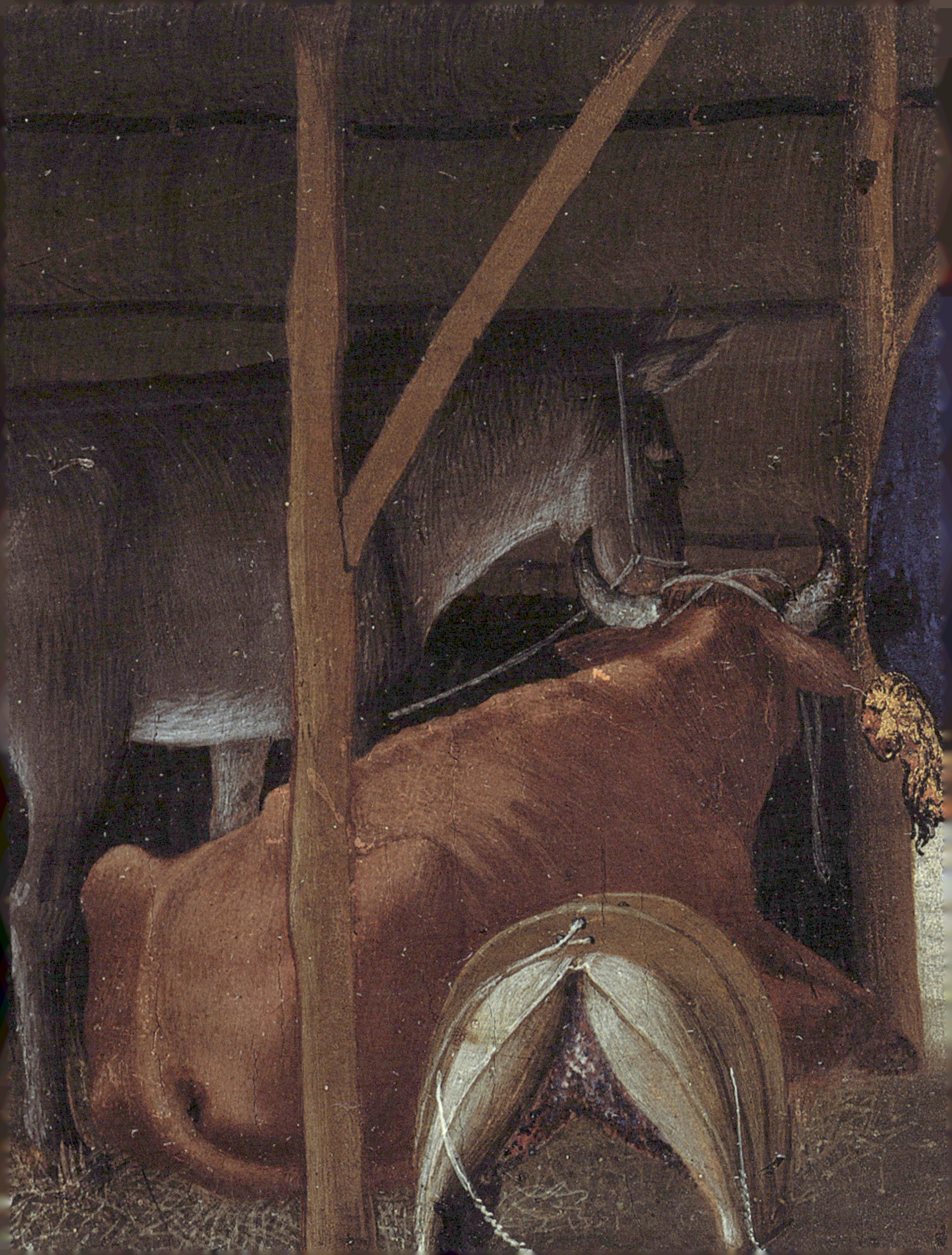

三博士来朝
多明尼科·韦内齐亚诺
约 1439 年　直径 84cm　木板油画
藏于柏林国家博物馆绘画陈列馆

← 博士们带来了驴和牛，这些牲畜是他们献给圣母子的礼物

圣母子

拉斐尔·圣齐奥（1483—1520），意大利著名画家，"文艺复兴美术三杰"之一。

约 1508 年
77.5cm×56.5cm
木板油画

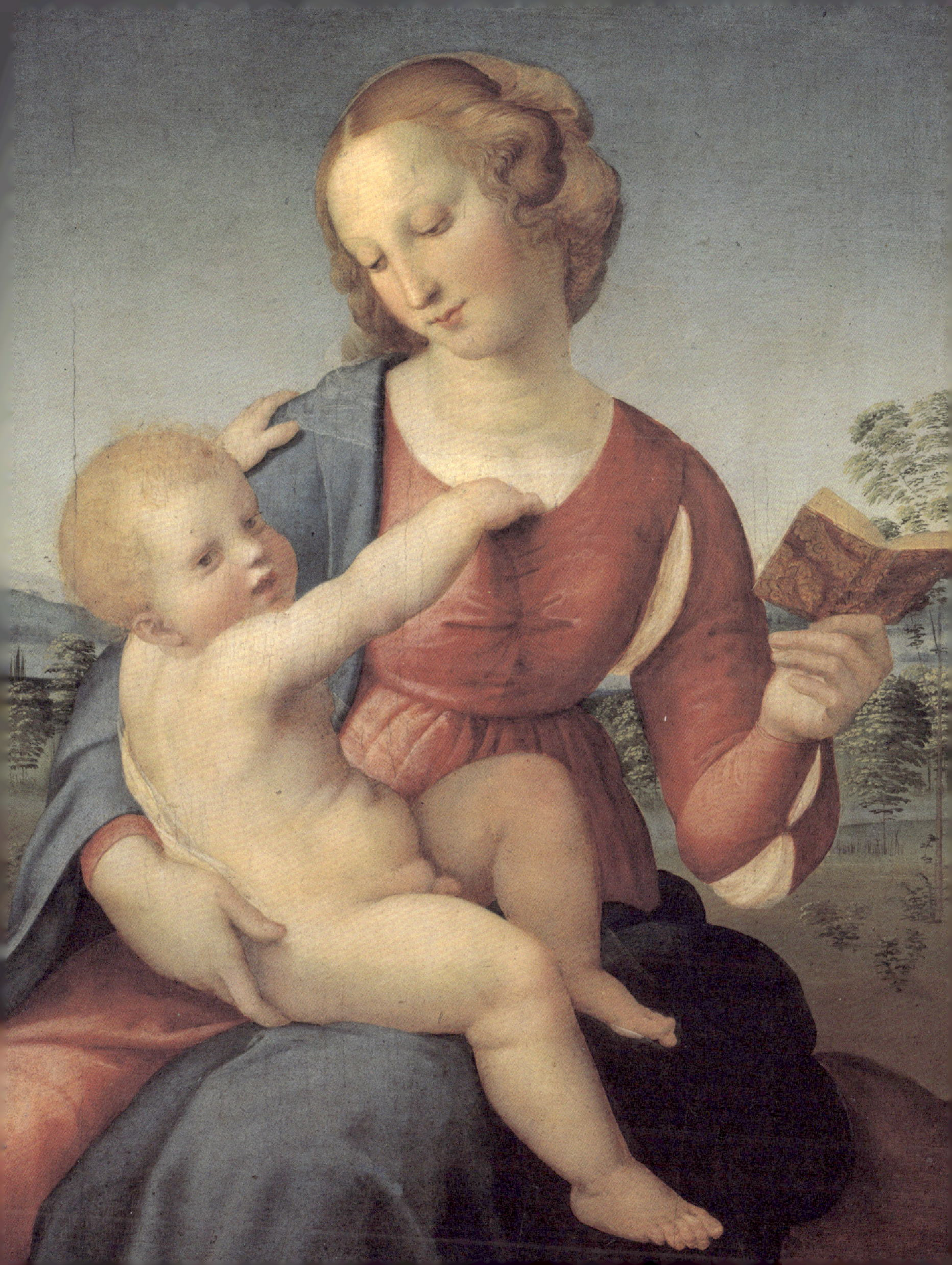

拉斐尔笔下的人体肌肤富有丰润的质感，与中世纪绘画人物干瘪的肤质完全不同。婴儿看上去非常可爱，两个脸颊红彤彤的，还淘气地用一只手拉着圣母衣服的领口

"圣母子"是古典艺术和基督教艺术中最常见的题材之一，以此为题的作品有很多，几乎都是描绘圣母马利亚和圣子耶稣彼此依偎的场景。这幅画的作者是拉斐尔，他很早就显露出了非凡的才华，25岁时绘制出这幅出色的《圣母子》。这幅画标志着他绘画技艺的成熟。之后，拉斐尔的学徒生涯结束，他前往佛罗伦萨和罗马接受更多的创作挑战。

拉斐尔毕生绘制了大量的圣母像，如《西斯廷圣母》《圣母的婚礼》《椅中圣母》《花园中的圣母》等，这幅《圣母子》是他在佛罗伦萨时期的最高成就之一。拉斐尔所处的文艺复兴时期与之前的中世纪很不一样。中世纪时宗教势力很强大，受到那些奇怪的神学蒙昧主义和禁欲主义的影响，画中的圣母形象都显得僵硬呆板、苍白无力。但拉斐尔在文艺复兴时期所倡导的以人为本的观念影响下，吸收了达·芬奇、米开朗琪罗等画家的优点，赋予了画中人物饱满的生命力，把人物描摹得像真的一样。这幅《圣母子》中的圣母侧着头，慈祥地注视着怀里的小耶稣，露出浅浅的微笑，眉宇间充满了慈爱之情。小耶稣被描绘得活泼可爱，调皮地抓着母亲衣服的领口。你是不是也被画面中的场景感动了呢？

拉斐尔笔下的圣母一方面给人一种生活化的真实感，另一方面又带有一种优雅的神圣感。这就是拉斐尔笔下"圣母"的魅力所在。她面露浅笑，典雅慈祥；她高贵圣洁，又平易近人。圣母虽然是圣经里的神，但拉斐尔笔下的圣母却以现实的人作为原型，成就了新的典范，似乎以人性之美战胜了神性之美。拉斐尔的作品因此获得了世人的认可而流传几个世纪，这不仅源于他卓越的艺术表现，也源于人性之美的永恒魅力。

拉斐尔出生于意大利的乌尔比诺，他的父亲是一位不太出名的画家，发

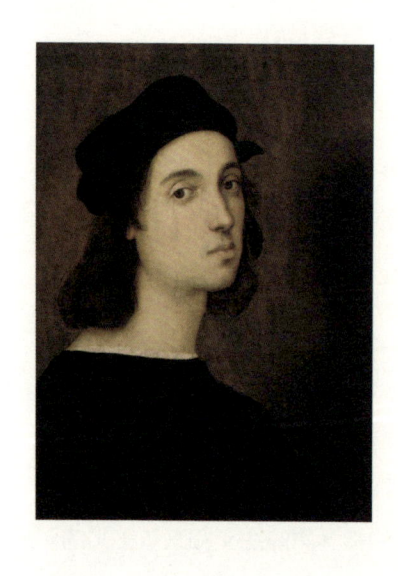

自画像
拉斐尔·圣齐奥
约 1506 年　47.5cm×33cm
木板蛋彩画
藏于佛罗伦萨乌菲齐美术馆

现了他从小就有极高的艺术天赋，于是教他画画，后来把他送到画家佩鲁吉诺的画室做助手。1504 年，他来到当时的艺术中心佛罗伦萨学习，在观察和模仿了达·芬奇和米开朗琪罗等人的画作之后，逐渐形成了自己的绘画风格。他的画和谐、典雅，达到了一种理想的完美，人们都称他为"完美的拉斐尔"。拉斐尔性情温和、文雅，容貌俊美，大家都很喜欢他。一位主教甚至把自己的侄女许配给了他，但不幸的是没能等到他们完婚，拉斐尔就因为高烧去世了，年仅 37 岁。人们十分伤心，把他葬在了万神殿里。

意大利画家杜乔·迪·布伦南蒂早于拉斐尔 200 年左右也创作了一幅《圣母子》，这幅画可以算是中世纪末期的精品了。比起中世纪早期的作品，末期艺术家的绘画技艺已经有了很大的进步，但与之后的文艺复兴时期相比，画面仍然显得十分呆板。如果把这幅画与拉斐尔的《圣母子》比较一番，我们就能更加清楚地看出文艺复兴时期与中世纪时期的绘画作品之间的天壤之别了。

圣母子
杜乔·迪·布伦南蒂
1300年 23.8cm×16.5cm
藏于纽约大都会艺术博物馆

乔治·吉兹像

小汉斯·霍尔拜因（约1497—1543），德国画家、版画家，欧洲北方文艺复兴时期绘画的代表人物之一。他终生致力于肖像创作，并富有独创性。

1532年
97.5cm×86.2cm
木板油画

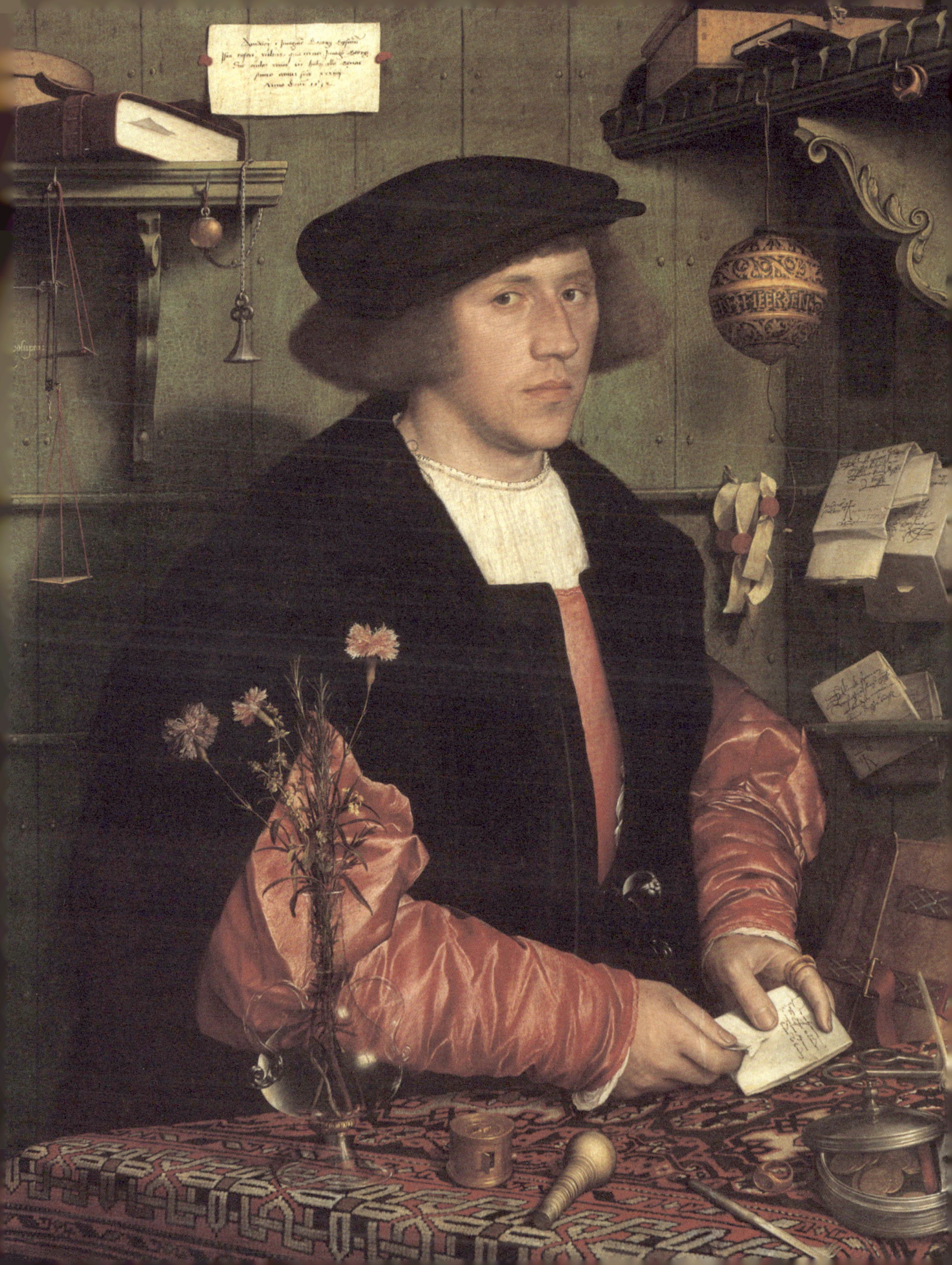

这是一幅人物像，画中主人公头上方有一张拉丁文字条，上面写着："在此画中你见到的是现实中的乔治。这就是他的真实面容。公元1532年，时年34岁。"画中的乔治究竟是位什么样的人物呢？其实，他的全名叫乔治·吉兹，是一位汉萨商人。在14—15世纪的欧洲，汉萨同盟是当时迅速崛起的商人阶层结成的商业、政治同盟，控制着整个欧洲的经济命脉。这批商人的特点是大手笔地买卖货物，长距离地调动货物，以获得更多的利益。他们曾是横跨亚欧大陆的贸易使者，曾在欧洲和亚洲的大城市设立常驻办事处，让亚欧大陆的贸易线更加畅通。

如果你仔细观察，就会发现画面右上角的架子上挂着钥匙、图章和一个球形容器，背景的其他位置可以看到随意摆放的书籍。如果观察得更加仔细的话，你就会发现，墙上的文件里多次出现了乔治·吉兹的手写体文字，这说明了什么呢？这暗示着此处就是他的办公室。桌上放满了精美的摆件。乔治·吉兹手上拿着一封信，桌上还有鹅毛笔、信封印、剪刀，这些是书写、密封、开启信件的工具。除此之外，桌上还放着一个威尼斯玻璃瓶，里面插着康乃馨、迷迭香等花草，它们可是具有象征含义的！小霍尔拜因用出色的绘画技巧描绘出玻璃瓶的质感，甚至表现出了被挡在容器后面因光线折射而微显变形的袖子的状态。

这是小霍尔拜因在16世纪30年代创作的汉萨商人系列肖像画中的一幅。这些肖像画的订单来自汉萨同盟的商人群体，标志着这一新兴商人阶级在当时占据着重要的地位。画家通过对各种小物件的描绘，暗示主人公时刻与外部世界保持紧密的联系。这让我们不禁猜想，这位生活在16世纪的汉萨商人，每天都公务缠身，特别繁忙吧。

画面中的字条上用拉丁文写着：在此画中你见到的是现实中的乔治。这就是他的真实面容。公元 1532 年，时年 34 岁

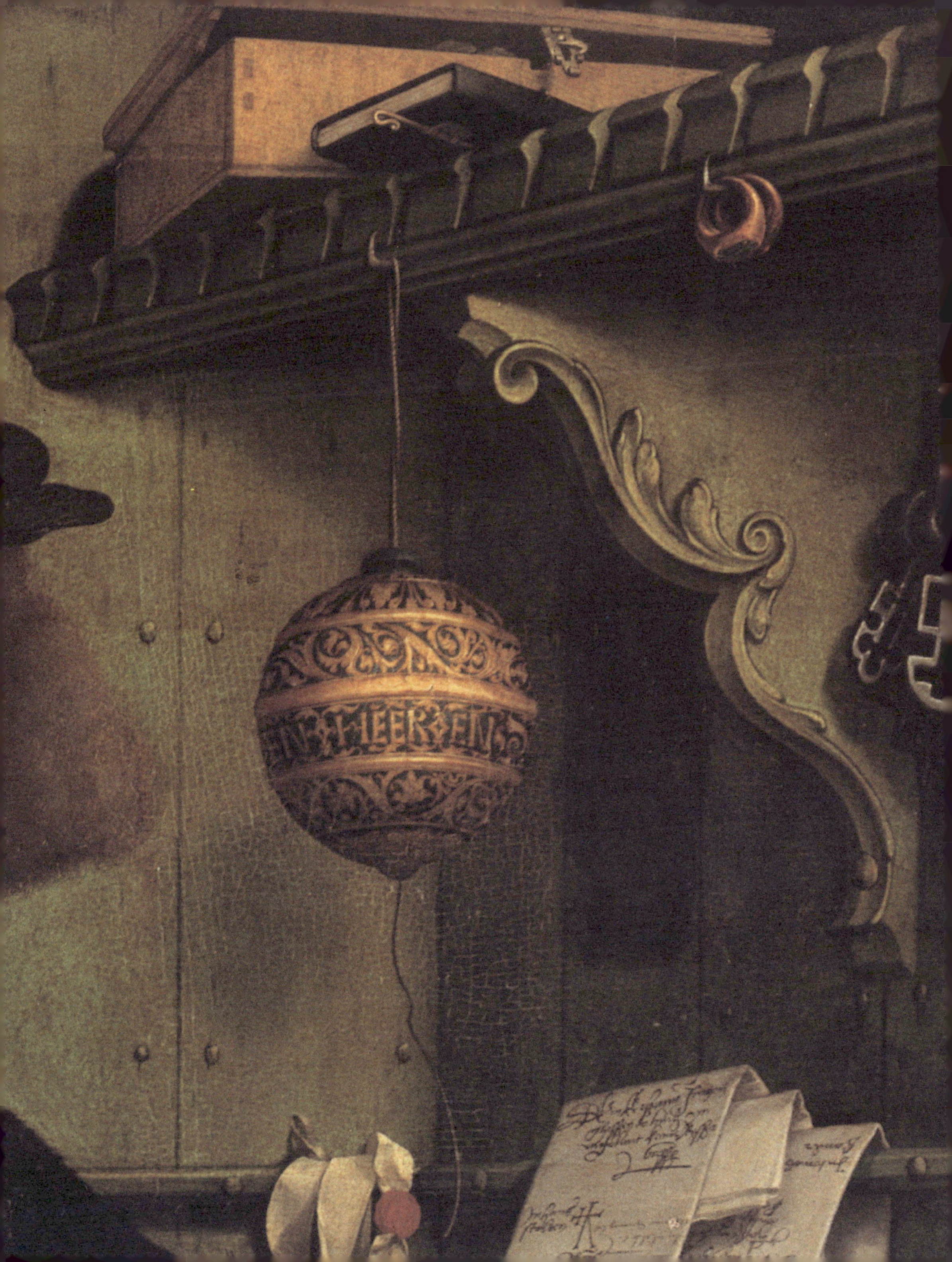

小汉斯·霍尔拜因出生在巴伐利亚的奥格斯堡,他的家庭是艺术世家,父亲老汉斯·霍尔拜因是当地有名的画家。小霍尔拜因 1516 年为新当选的巴塞尔市长迈尔夫妇画像,一举成名。1532 年,小霍尔拜因定居英国,为王室和宫廷成员画像。在 15、16 世纪的德国绘画史上,霍尔拜因家族占据了重要的一页,他们当中名气最大的便是这位小汉斯·霍尔拜因,他的作品具有高纬度地区特有的冷静与严谨的气质,正是这特殊的气质让我们记住了整个霍尔拜因家族。

小链接

当时汉萨同盟的贸易范围之大,简直超乎我们的想象!用今天的国家、城市名称来说,他们所覆盖的区域,北至挪威的特隆赫姆,南达地中海沿岸港口,西及英国爱丁堡、法国鲁昂,东达乌克兰首都基辅,德国地区比较集中,汉萨同盟商人的足迹几乎遍布整个欧洲。在没有飞机、火车、手机、互联网的 15、16 世纪,汉萨同盟如此大的贸易范围令人惊叹!他们的财力自然也不容小觑!

← 架子上悬挂的图章和球形容器

吉兹的座右铭：没有无遗憾的愉悦。寓意着愉悦中总会夹杂着一丝遗憾，做生意并不总是那么顺利

花瓶中的康乃馨象征着爱情和对婚姻的忠诚；迷迭香象征着友谊；罗勒草象征着健康，免受疾病侵害

在墙上不同位置的信件里的字母用不同语言写成，吉兹（Giese）的拼写各不相同："Georg Gisze""Georg Giese"和"Georg Gyse"，说明这些信件来自不同的地域，有不同的文化背景

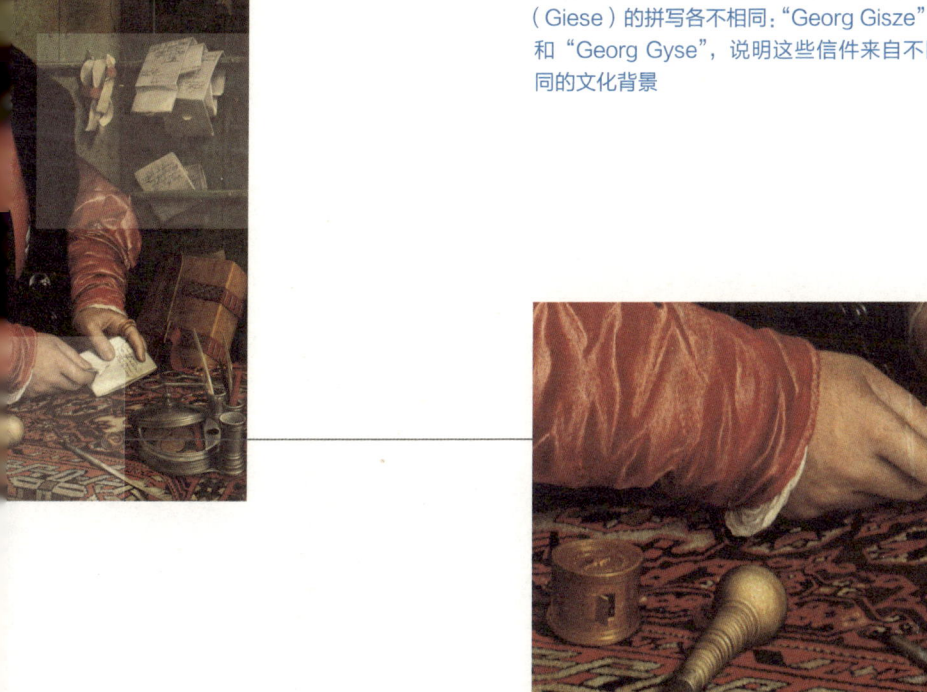

信封印和印章上是汉萨同盟成员的商标或吉兹家族的族徽

055

尼德兰箴言

老彼得·勃鲁盖尔（1525—1569），16世纪尼德兰地区最伟大的画家，尼德兰现实主义风景画的创始人，荷兰画派的最后一位巨匠。欧洲绘画史上最早的一位"农民画家"，有"农民的勃鲁盖尔"的美誉。

1559年
117cm×163cm
木板油画

最早这幅画并不叫"尼德兰箴言"这个名字，而是被称为"蓝色斗篷"或者"世界的愚蠢"。在古尼德兰谚语中，"蓝色斗篷"意味着欺骗。老勃鲁盖尔的绘画经常表现人类正如"蓝色斗篷"的寓意一样的欺诈和伪善，还有愚蠢和荒谬。不过，他的表达手法比较特殊——通过描绘尼德兰的民间俗语达到反讽的效果。谚语在当时是非常流行的。老勃鲁盖尔早年根据谚语画过几张小画，包括《大鱼吃小鱼》（1556 年）和《十二条箴言》（1558 年），而《尼德兰箴言》是这类题材的第一幅大型作品。谚语题材的绘画曾经是一种雅俗共赏的艺术形式，很受当地人的欢迎，当然这种形式并不是老勃鲁盖尔首创的。早在他创作这幅画的一百年前，谚语的插图绘本就已经在佛兰德斯地区十分流行。不过，谚语作为一种民间俗语，它依靠人们的口头传播被保存下来。而尼德兰语是小语种，随着时间慢慢流逝，古代谚语的原初含义渐渐就被后人曲解或遗忘了，所以人们就越来越看不懂《尼德兰箴言》中的"箴言"是什么意思了。

或许，我们可以凭借直观感受，将《尼德兰箴言》单纯地看作艺术家自己的幻想世界。不过，既然描绘的是谚语，那它就绝不仅仅是艺术家逃离现实创造出的一个新天地。恐怕老勃鲁盖尔真正的意图是要总结人类的愚蠢行径，以此来规诫后人不要再犯同样的错误。据说在《尼德兰箴言》中至少存在 110 个谚语。

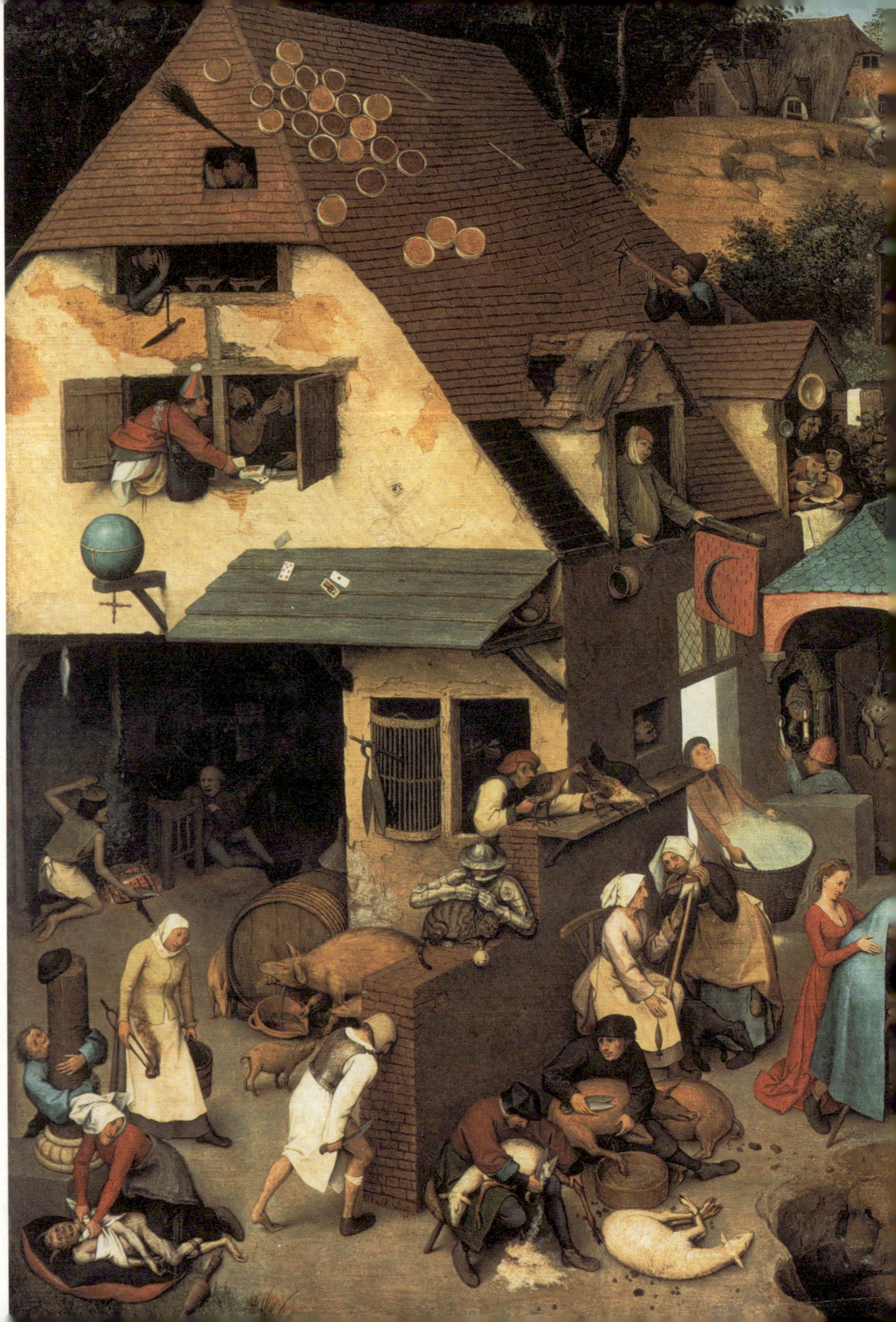

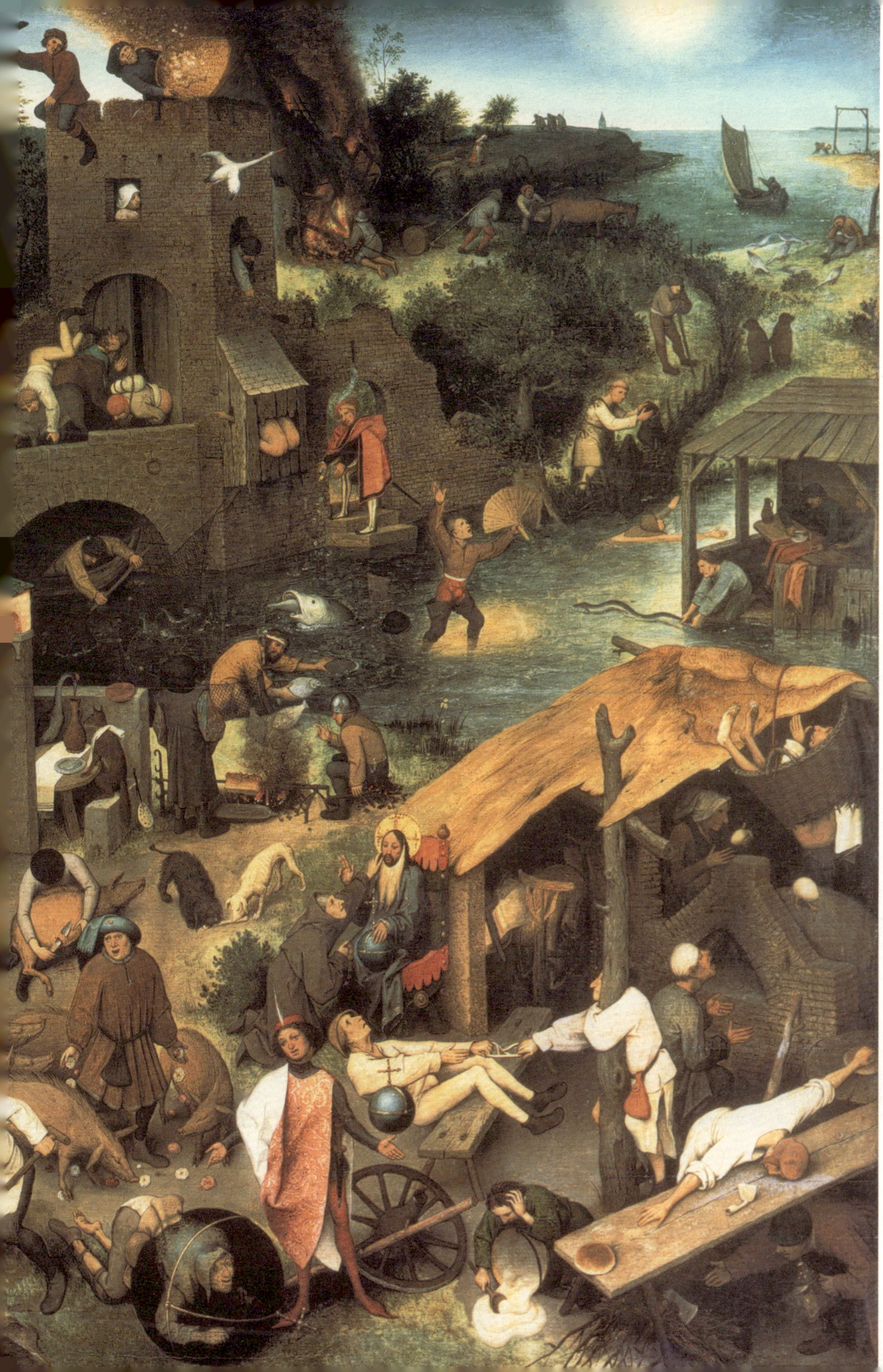

谚语：洒了粥的人不能再把它刮干净。寓意：一旦做了某件事就无法挽回

谚语：密切注意航行。寓意：保持警惕
谚语：看熊跳舞。寓意：忍饥挨饿
谚语：野生的熊更喜欢它们的同伴。寓意：与外人相比，同辈更容易相处
谚语：抓住鳗鱼的尾巴。寓意：承担一项艰巨的任务

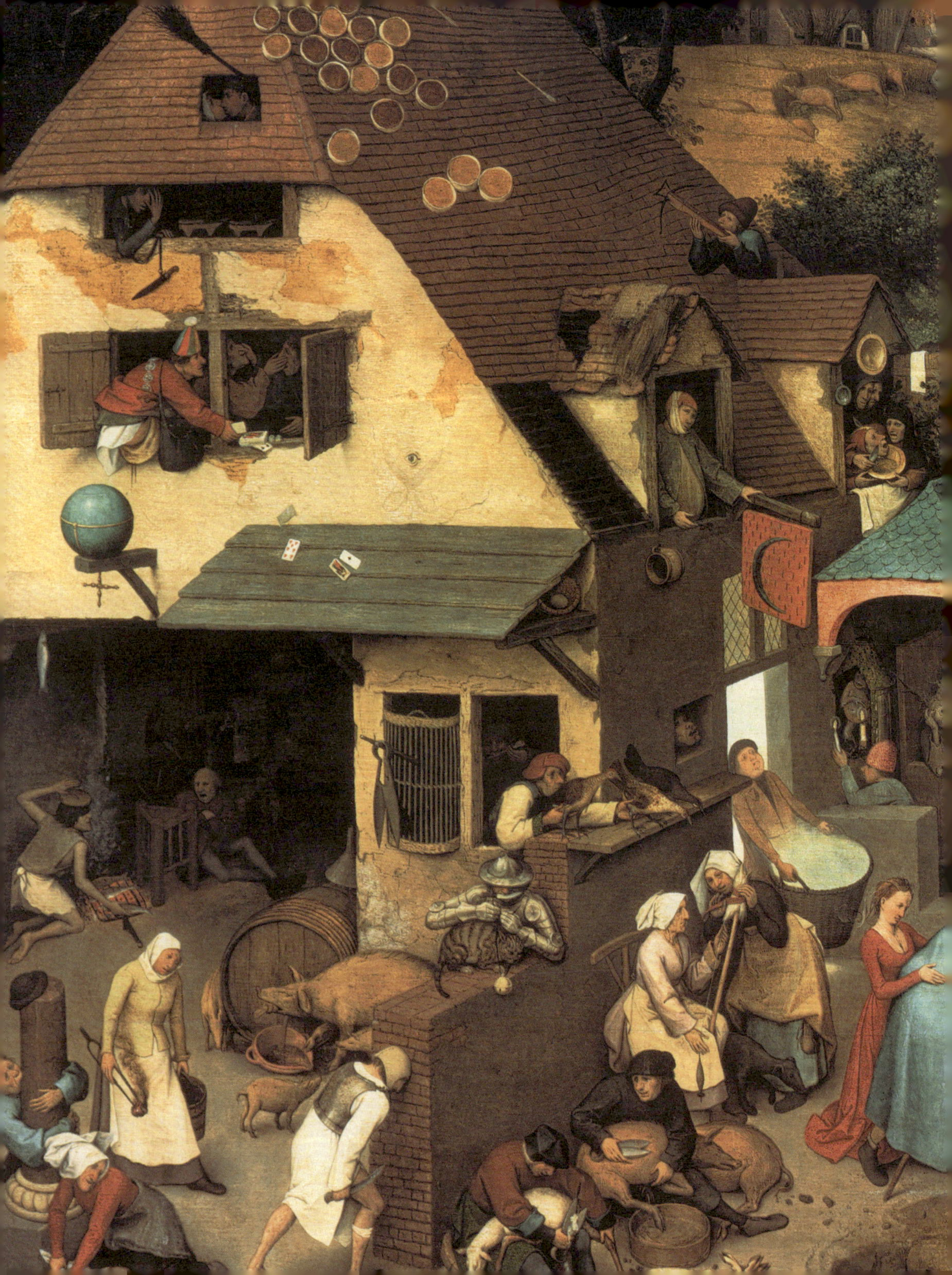

老彼得·勃鲁盖尔是 16 世纪尼德兰最伟大的画家，主要以乡村生活为创作题材，关注人们身边的现实生活，所以人称"农民的勃鲁盖尔"。维也纳艺术史博物馆藏有他的一幅《农民的婚礼》，这幅画形式庄重严肃，形象夸张风趣，于是他又被叫作"滑稽的勃鲁盖尔"。他有两个儿子，也都是画家，其中长子与他同名，大家为了便于区分，于是通常称他们为"老勃鲁盖尔"和"小勃鲁盖尔"。

← 谚语：一个旧的屋顶需要大量的修补。寓意：旧的东西需要更多的维护
谚语：在窝里至少留一个蛋。寓意：总是有一些储备
谚语：以头撞墙。寓意：试图做不可能完成的事
谚语：一只脚穿鞋，一只脚光着。寓意：平衡最重要
谚语：一个人剪羊毛，另一个人剪猪毛。寓意：一个人占有绝对优势，另一个人毫无优势
谚语：剪毛但是不要去皮。寓意：不要过分强调你的优势

马勒·巴伯

弗朗斯·哈尔斯(约 1580—1666),荷兰现实主义风格的奠基人,17 世纪荷兰杰出的肖像画家之一,与伦勃朗、维米尔合称为"荷兰黄金时代三杰"。

1633 年—1635 年
75cm×64cm
布面油画

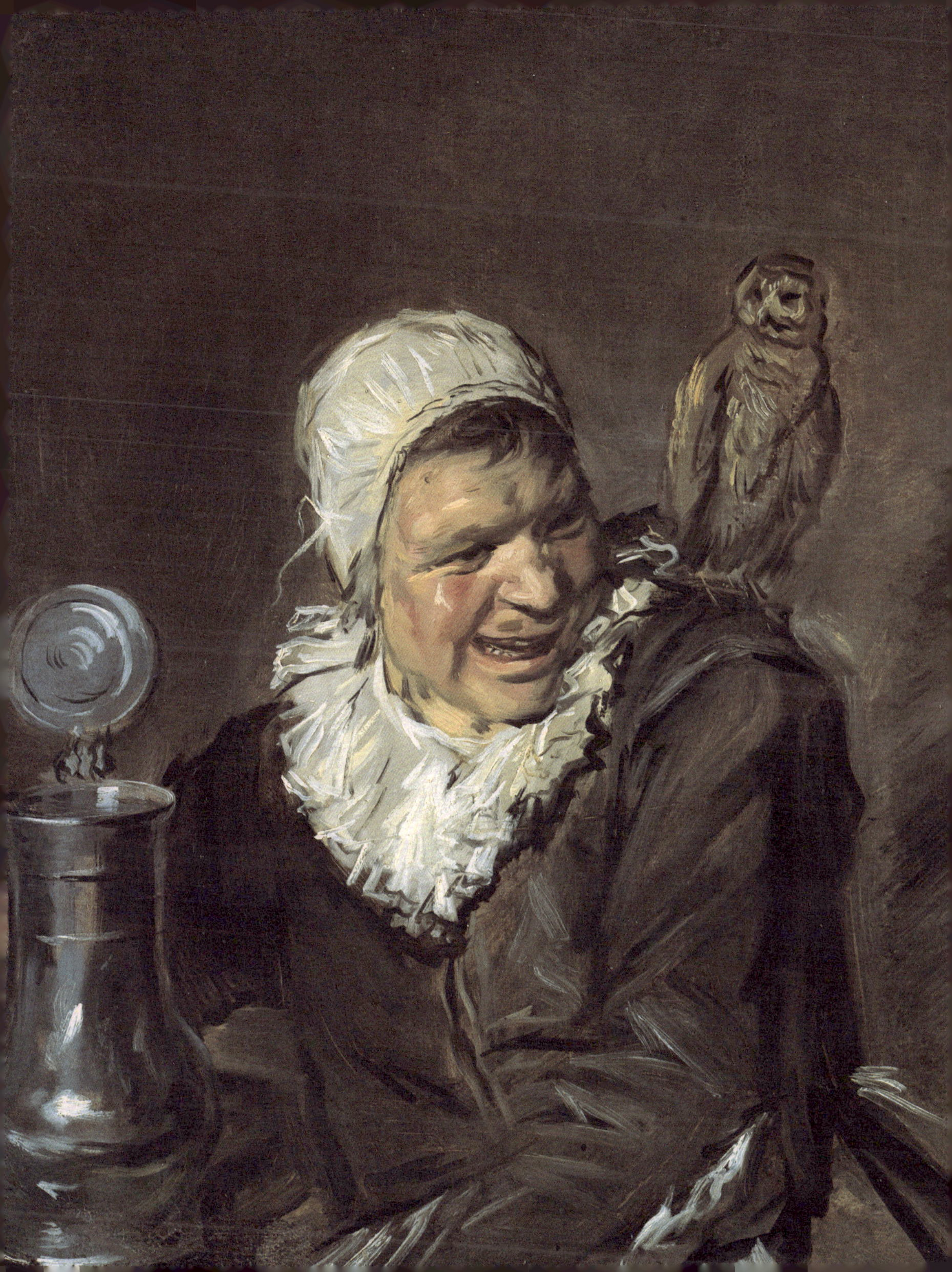

用松散随意的笔触、边界不分明的色块表现的《马勒·巴伯》，看上去就像一张风俗肖像画的草稿。不过在荷兰语中，"Malle"表示"怪人"或"疯子"，所以在画面中出现的人物并不是一位邻家婆婆，而可能是一位神秘的女巫。所以，这幅画也被叫作《疯子巴伯》或《哈莱姆的女巫》。

这幅画描绘了一个倚靠在桌边的女人——巴伯，她正用右手抓着一个打开盖子的锡质酒壶。她咧开嘴大笑着，像在调侃或嘲笑某些东西。女人的衣服很朴素，与荷兰小镇哈莱姆1630年左右的传统服装相符。画家哈尔斯的用笔非常自由，画风粗放，这是他一贯的风格，《马勒·巴伯》是其艺术生涯中最大胆的画作之一。他是巴洛克时期作画效率最高的画家，其快、狠、准的技法启发了后来的现实主义和印象主义画家。现实主义绘画先驱人物古斯塔夫·库尔贝很欣赏这幅画，他在1869年画了一幅仿制品，当时在慕尼黑展出，广受关注。

请注意她左肩上的猫头鹰。"醉得像猫头鹰一样"，这句来自荷兰的谚语重新诠释了猫头鹰形象的含义。在有的国家猫头鹰象征着专注与智慧，不过在荷兰人看来，出没于黑夜的猫头鹰是不可理喻的：它的生活习性与众不同，昼伏夜出，简直就是愚蠢和癫狂的化身。画家哈尔斯也许旨在探索理智与疯癫之间的辩证关系。据说，巴伯是一位女巫，经常在酒馆里出现，为酒徒们占卜命运。她转身的一瞬间露出狡黠的笑容，而醉酒的人们又怎能分辨真假呢？在哈尔斯活泼自由的笔触下，一切都显得更加神秘。

→ 巴伯咧开嘴大笑着，像在调侃或嘲笑着什么。领口处充分体现了哈尔斯用笔的灵活、自如

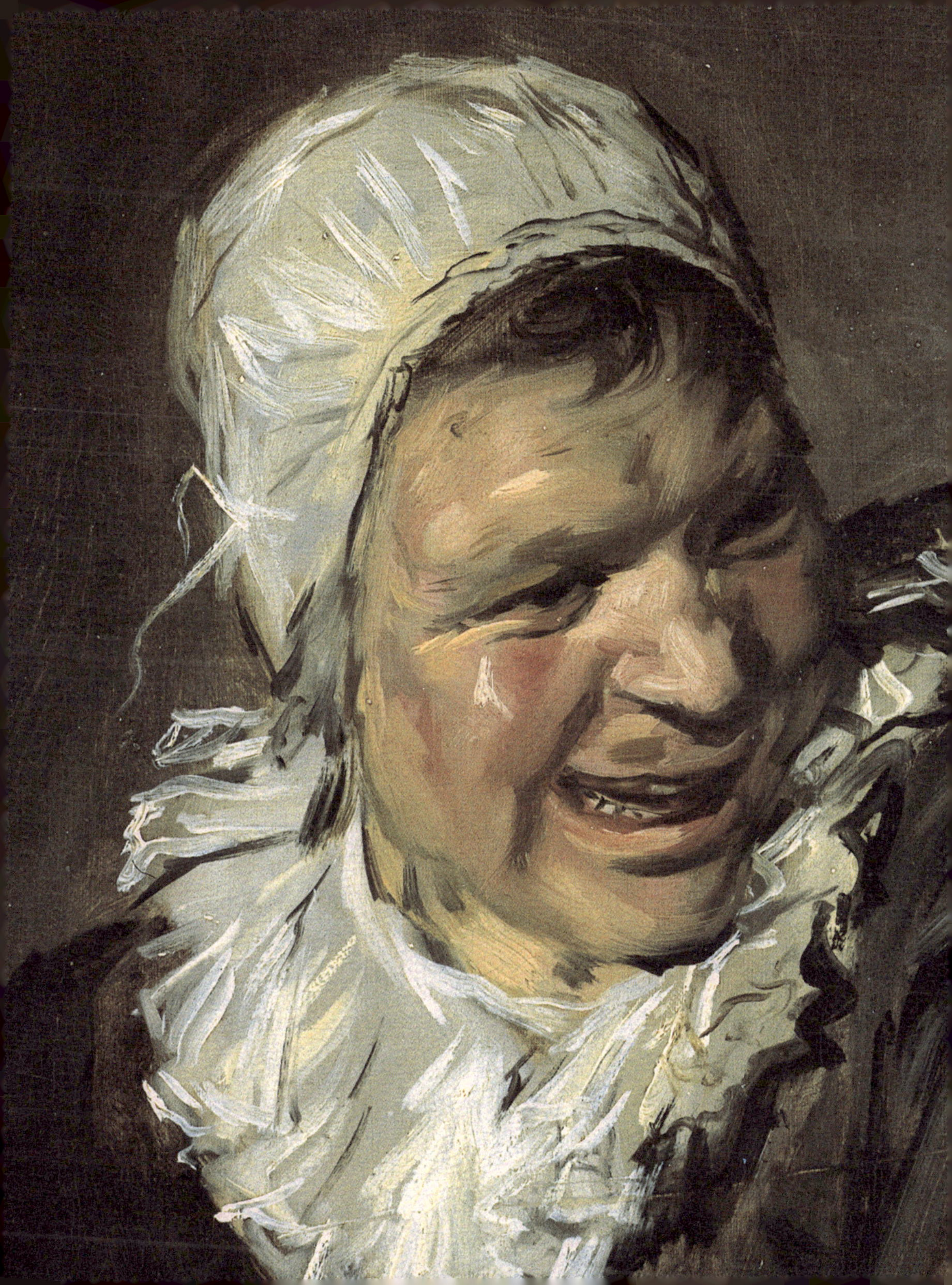

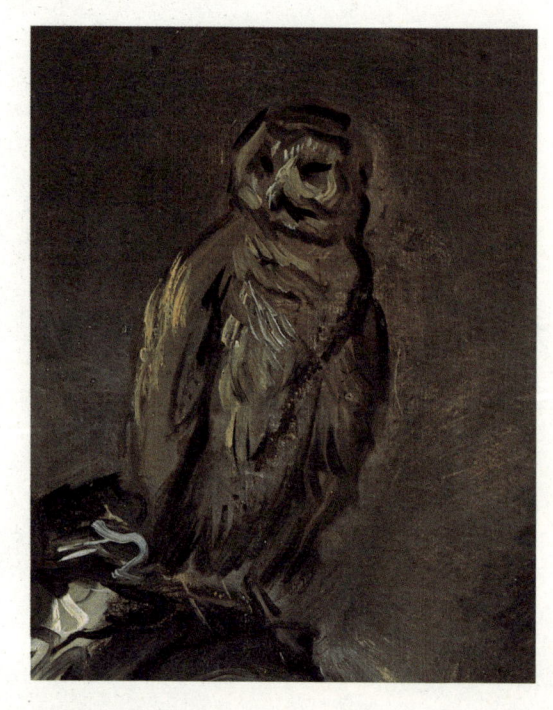

这是一只猫头鹰，在这里它象征着愚蠢与癫狂

弗朗斯·哈尔斯突破了传统的荷兰团体肖像画程式的束缚，使画中的人显得不呆板而有性格，画面气氛热烈乐观。他将生动的绘画风格引入了荷兰艺术。他的笔触放松、活泼，给人们留下了深刻的印象。

哈尔斯诞生于安特卫普一个毛纺工人家庭，大约 1585 年之后，他随父母迁居荷兰，并终其一生定居于哈莱姆。哈尔斯一直生活在社会底层，早期没有接受过良好的艺术训练，直到 28 岁才以艺术品修复师的身份赚钱，1611 年才画出第一幅作品《雅各布斯·扎菲乌斯像》，后来继续为富人画肖像。由于没有受到学院式风格的束缚，哈尔斯开创了一系列新的绘画技法，提高了肖像画的绘制效率，这些新的绘画技法在 17 世纪集体肖像画的演变中起到了重要作用。

巴伯右手抓着的一个
打开盖子的锡质酒壶

有玻璃杯和银器的静物

彼特·克莱茨（1597—1661），17世纪荷兰静物画家，尤擅描绘餐桌物品，以精细的笔法表现出玻璃酒杯、金属盘盏、餐刀及各种食物的形状和质感。

1635年
43.2cm×60cm
木板油画

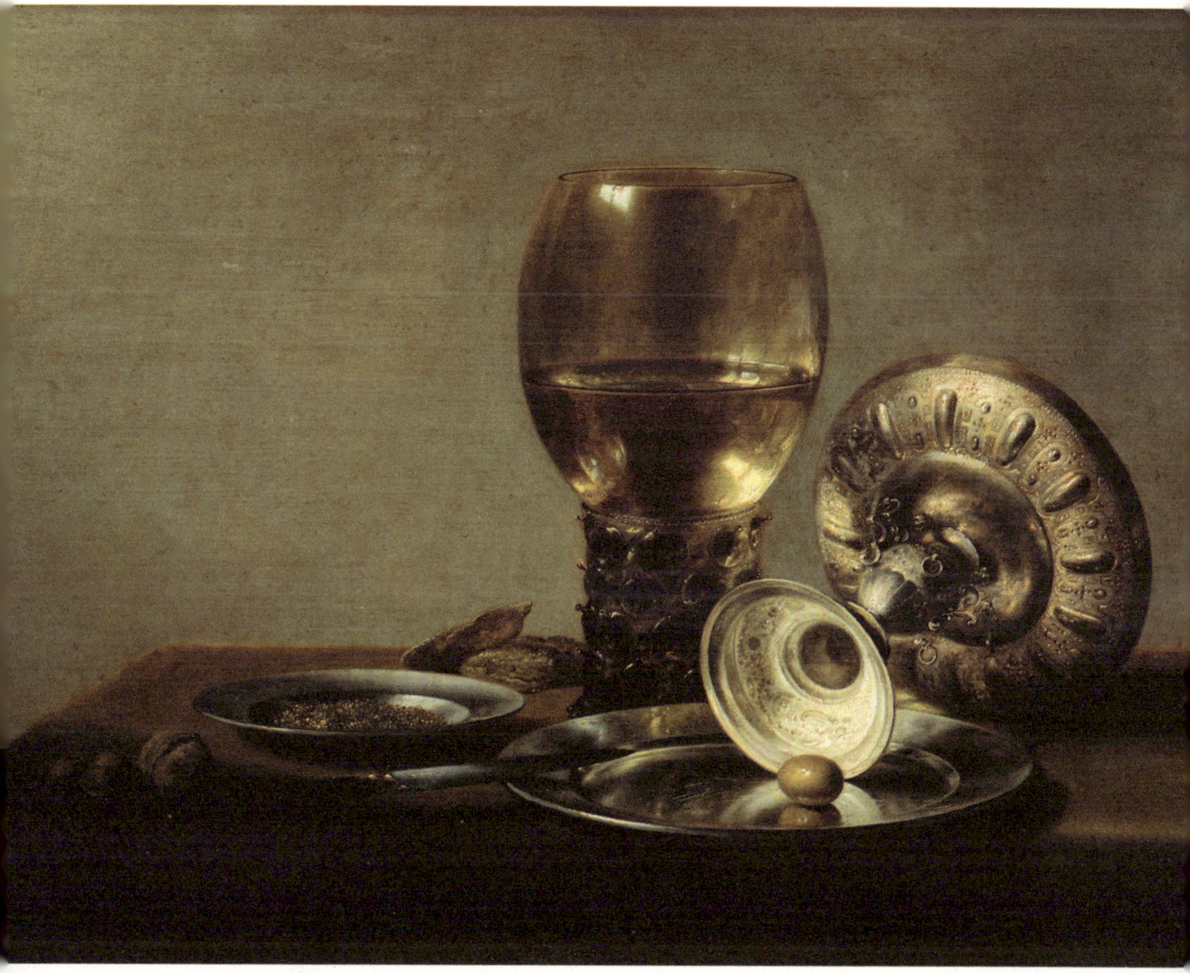

画家彼特·克莱茨所处的 17 世纪是荷兰绘画的巅峰时期,被称为"黄金时代"。17 世纪的荷兰被称为"海上马车夫",打造了当时世界上四分之三的商船。这些商船航行到世界各地,海洋运输业促进了商业,商业又带动了金融业。阿姆斯特丹成为 17 世纪欧洲的国际金融中心。在这样的时代背景下,艺术品的订单主要来自富裕的商人群体,他们对宗教故事、帝王画像都不感兴趣,所以 17 世纪的荷兰几乎没有大尺寸的绘画,反倒是诞生了许许多多的精品小画。当时的富商也把艺术品作为投资对象,以抵抗货币贬值。

从来没有哪个时代和哪个地方像 17 世纪的荷兰那样追捧小尺寸的画作,静物画是最受市场追捧的题材之一。彼特·克莱茨凭借自身高超的绘画技术成为静物画的代表人物。他的绘画主题往往离不开"早餐"或"晚餐"——在桌上摆满耀眼的金属器皿和玻璃杯,布满凹凸起伏花纹的餐具在光的照射下,熠熠生辉。彼特·克莱茨开创了一种单色的色彩格调,就是以灰绿色、淡黄色或银色里的一种色调为主基调,其他颜色尽可能减少或融入其中,从而确保色彩的纯净。因此,也有人把彼特·克莱茨的静物画称为"纯色盛宴"。

一个翻倒的银色托盘,一只半空的酒杯,一把小刀,两个白镴(锡铅合金)盘子以及少许食物,克莱茨所描绘的静物与早期佛兰德斯静物画有所区别。早期静物画中的餐具里往往盛满食物,而且色彩丰富鲜明,没有统一的色调。克莱茨脱离了这一传统趣味,几乎取消了食物的设置,只留下餐具以形成统一的色调。这样一来,他的风格既提高了视觉感受的格调,又在自我反省的态度上取代了过去消费主义的美学观。尽管 17 世纪的荷兰商人非常富裕,但是他们深受德国 16 世纪新教改革的影响,相信诚信、

躲在阴影处的核桃，在最后面的牡蛎壳，它们都是棕灰色的，这些是画家为了统一色调而精心布置进画面的食物。白镴盘子底部的倒影清晰可见，突显出金属特有的质感

勤勉、节俭才能真正引导自己走向幸福，所以彼特·克莱茨的作品在当时大受欢迎。

彼特·克莱茨出生于比利时安特卫普附近的贝尔赫姆，1620 年成为圣卢克行会的成员，同年，移居哈莱姆。他和威廉·克莱兹·海达都主张用微妙的色彩表达，几乎使用单色的调色板，在统一的色调中尽显色彩的细腻层次，为荷兰黄金时代的静物画创作保留了优秀的传统。克莱茨的静物作品给人宁谧华贵之感，有时又富含寓意。

玻璃和液体晶莹剔透，液体的水平线被描绘得十分出彩，这条线画家做到了近实远虚，且富有厚度，几乎仅凭这一条线，就让这整个杯子有了体积感。银器的花纹异常精美，克莱茨几乎将每一个图案的起伏都刻画得凹凸有致

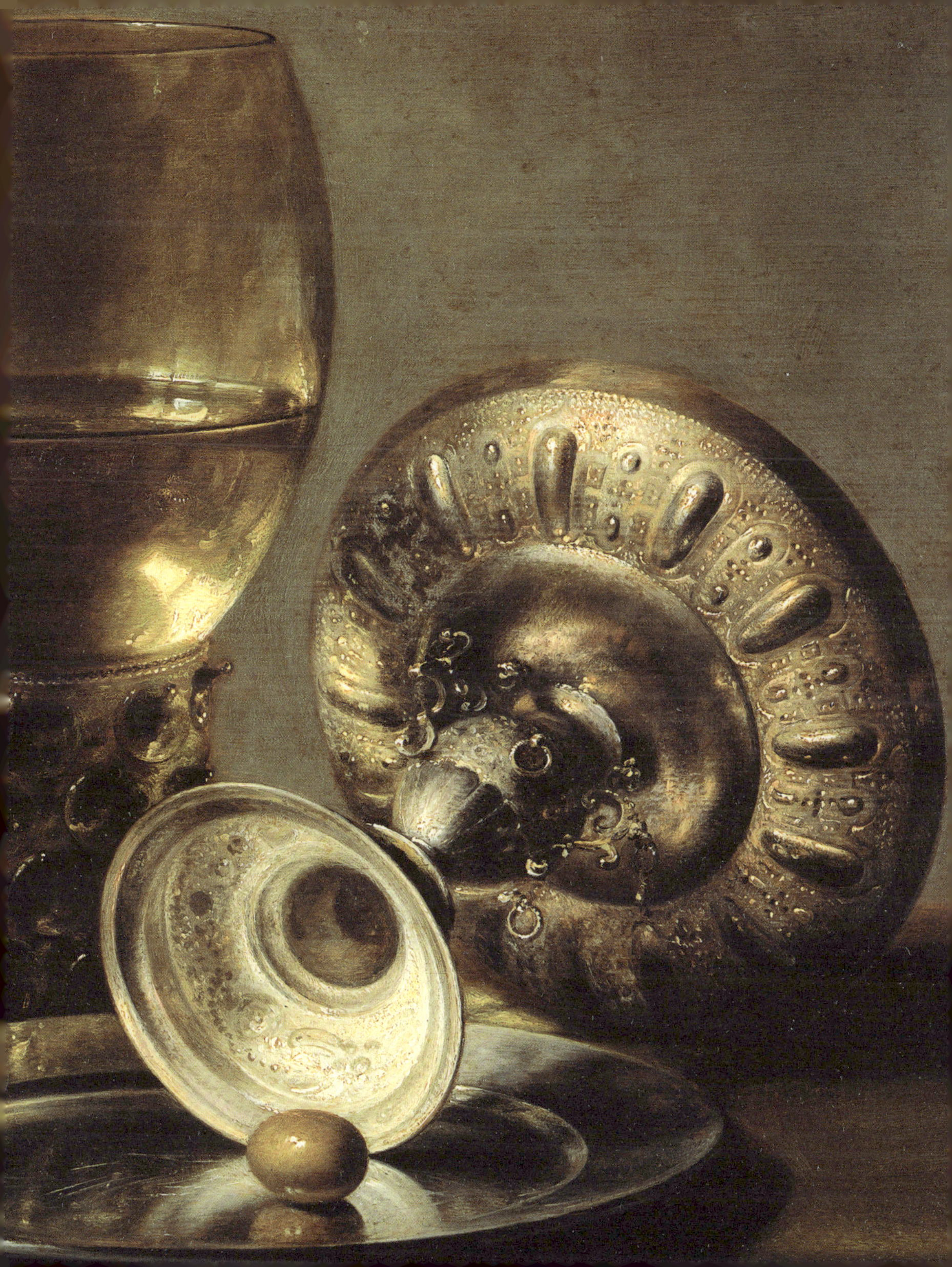

科尔奈利兹·克莱兹·安斯洛与夫人的画像

伦勃朗（1606—1669），欧洲17世纪最伟大的画家之一，也是荷兰历史上最伟大的画家之一。他还是画自画像最多的画家，其作品藏于世界各地的博物馆。

1641年
176cm×210cm
布面油画

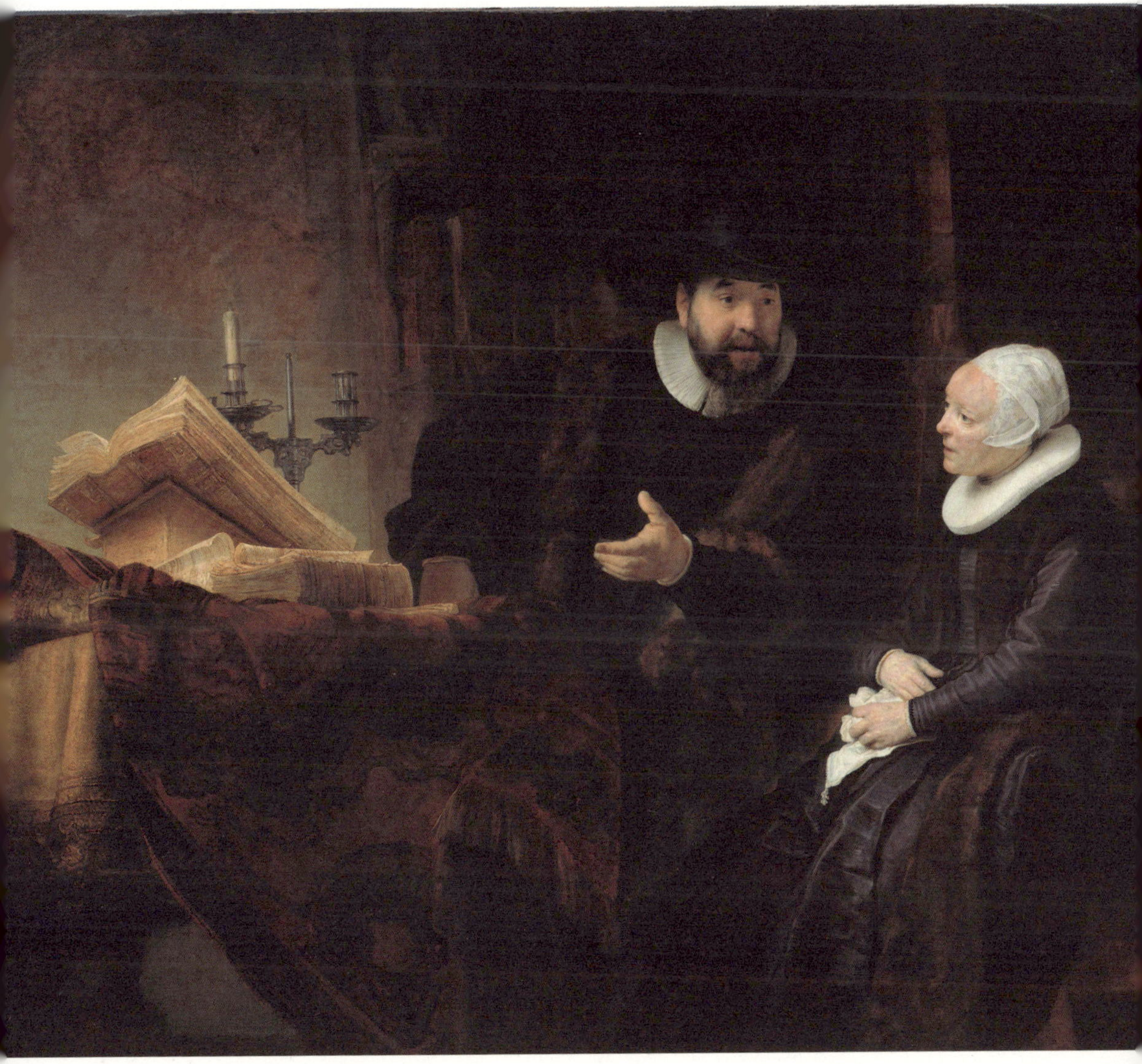

这是大画家伦勃朗接受委托绘制的科尔奈利兹·克莱兹·安斯洛与夫人的画像。安斯洛是一位企业家，也是荷兰门诺教派的主要负责人之一。

在当时的荷兰社会观念里，新教牧师与医生、律师的地位相当，有的新教教派分支（如门诺教派）会从众多信徒中选任首领，哪怕有的被任命者并不是神职人员。安斯洛就是一个典型案例。他的本职是企业家、商人，但他和牧师一样，对《圣经》里面的内容了然于胸，热衷于布道。不信你看他的手势，似乎一边在侃侃而谈，一边用手示意《圣经》里的内容。整幅画的构图设计非常巧妙，仅仅在中心位置画了一个手势就充实了周围所有的内容——这可是西方传教士的经典动作！"谁想见见安斯洛，就该听他说一说。"当时的一首诗歌对安斯洛如此赞美道。

除了以牧师的身份去教堂传道，安斯洛在家庭内部的作用也非常明显。画面右侧的妇人是安斯洛的夫人，她的目光看向对面那本厚厚的《圣经》，仿佛已经完全沉浸在了安斯洛的演说之中。为了画这幅画，伦勃朗曾仔细地研究主人公安斯洛的脸和性格，他留下了两幅非常细腻的粉笔画，作为版画和油画的草稿。从这两幅草稿来看，手势和《圣经》这两个元素最终在成品上被保留下来，而妻子则是新添加进去的。从第一幅草稿算起，这幅作品仅仅在构思上就用了一年之久。

桌面上摊开的书是《圣经》。伦勃朗的布景和用光非常讲究。位于左边烛台上的蜡烛是画面中唯一的光源，它让整个画面不平衡的用光（左亮右暗）显得合理

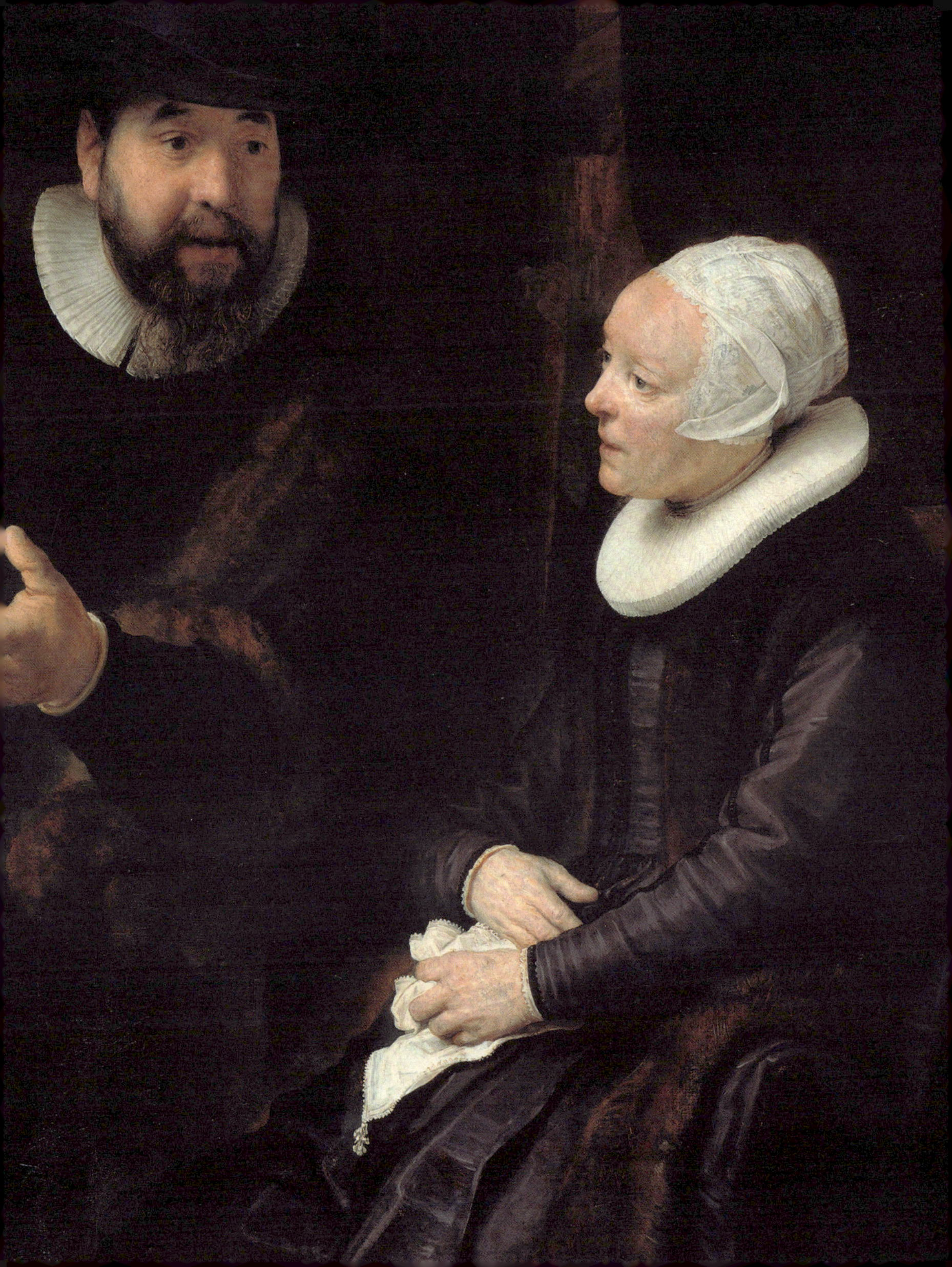

这一手势是传教士的经典动作，伦勃朗把它放在画面中央，用它说明了一切

← 安斯洛夫人一边侧耳倾听，一边看向《圣经》。伦勃朗对她的神态进行了非常细致的描绘

科尔奈利兹·克莱兹·安斯洛像
约 1640 年 / 1641 年　24.6cm × 20.1cm
藏于巴黎卢浮宫

科尔奈利兹·克莱兹·安斯洛像
1640 年　15.7cm × 14.4cm
藏于伦敦大英博物馆

生于莱顿的伦勃朗是 17 世纪荷兰乃至欧洲最伟大的画家之一。他的一生跌宕起伏，命途多舛，其职业生涯大致可以分成三个阶段：阿姆斯特丹时期（1632—1642）、苦难时期（1642—1648）和晚年时期（1648—1669）。

1632 年至 1642 年，伦勃朗安家立业，自己的工作室蒸蒸日上，绘画技艺逐渐走向成熟。这期间，他声名鹊起，假以时日一定能成为公众认可的、有名望的艺术家。没想到命运跟他开了一个玩笑。1642 年，先是妻子不幸去世，后来创作的《夜巡》又惹上了官司。这笔订单的雇主——阿姆斯特丹射手连队，从此便缠上了伦勃朗，双方打了一场持续八年的官司。这个事件发生以后，伦勃朗的声誉便一落千丈。1648 年之后，伦勃朗的事业陷入低谷。1658 年，伦勃朗变卖了豪宅、古董、珍宝，然后和儿子搬去了贫民窟。从那时起，他几乎再也没接到过订制他的画作的订单，但他仍然继续作画，只是不再为了雇主而画，而是为自己而画。当他向着自己制定的目标奋进时，杰作也就诞生了。

葡萄酒杯

约翰内斯·维米尔（1632—1675），荷兰黄金时代的绘画大师，与哈尔斯、伦勃朗合称为"荷兰黄金时代三杰"。

约 1658 年—约 1660 年
66.3cm×76.5cm
布面油画

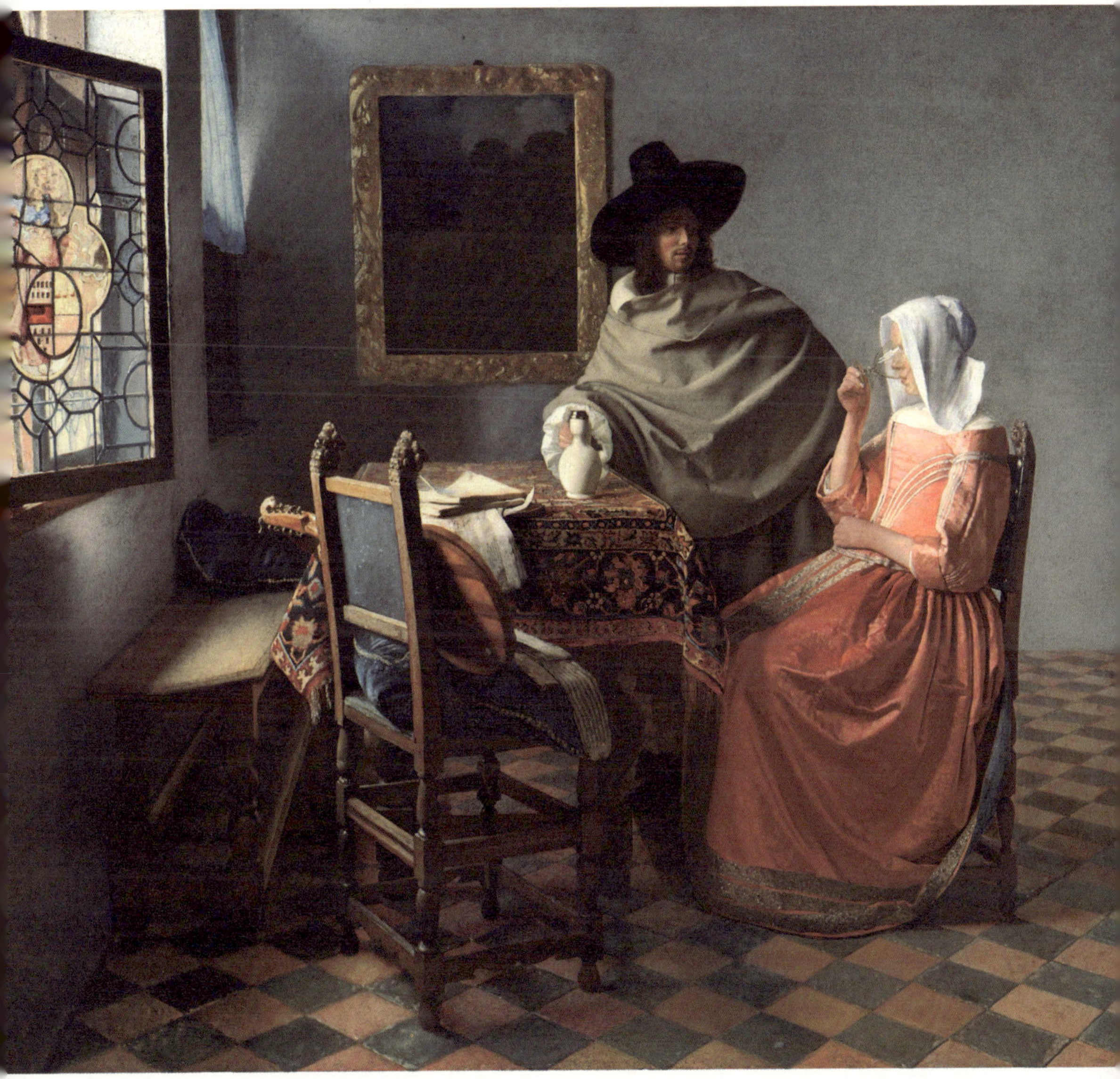

维米尔一生只留下不到 40 幅画作，而且作品流散四处，以至于这位卓越的画家一直被隐藏在历史的迷雾之中，不为人所知。他曾经被人忘却达两个世纪之久，直到 19 世纪下半叶，人们才注意到荷兰还有一位叫"维米尔"的画家。他的画尺寸都比较小，常常描绘室内空间，表现出一种宁静、温馨的氛围。他的作品有透明的颜色、严谨的构图和对光影的巧妙运用，被称为"描绘光色变化的大师"。大家认为维米尔是继伦勃朗、哈尔斯之后，荷兰黄金时代第三位伟大的艺术家。

维米尔画《葡萄酒杯》时，大概 27 岁，如此年轻的他，绘画技巧已经非常成熟。有评论家说："对艺术传统的任何分析都无法表达《葡萄酒杯》这幅画的纯然之美和非凡的精致，这可能是维米尔第一幅完全成熟的作品。"画面中的女人正在桌边喝酒，倾斜杯子将酒倒入口中，酒似乎还没有喝完。许多人都猜测这是一个求爱的场景：女人喝着酒，男人拿着酒壶准备为女人倒酒，似乎想让她多喝一点儿。在这样一个狭小的空间里，我们能看到桌子上摆放着几本书，椅子上有一把西特琴。不知道男人有没有给这个女人念诗或者弹琴呢？

与更早期的画作相比，维米尔在《葡萄酒杯》中的笔法堪称细腻，人物的脸庞非常柔和，服装看起来非常顺滑。更神奇的是，他把笔触几乎都隐藏了起来，笔触的痕迹似乎只有在桌面的花毯和玻璃彩绘中才能被找到，那里铺排着一些微小的线性笔触。从画面场景、气氛的设定和营造，以及笔法的细腻程度等方面来看，我们可以说，这幅作品标志着画家的创作风格已经走向成熟。

→ 左侧半敞开的窗户镶着彩色的玻璃，精美别致，玻璃的色彩非常丰富，带有很强的装饰感

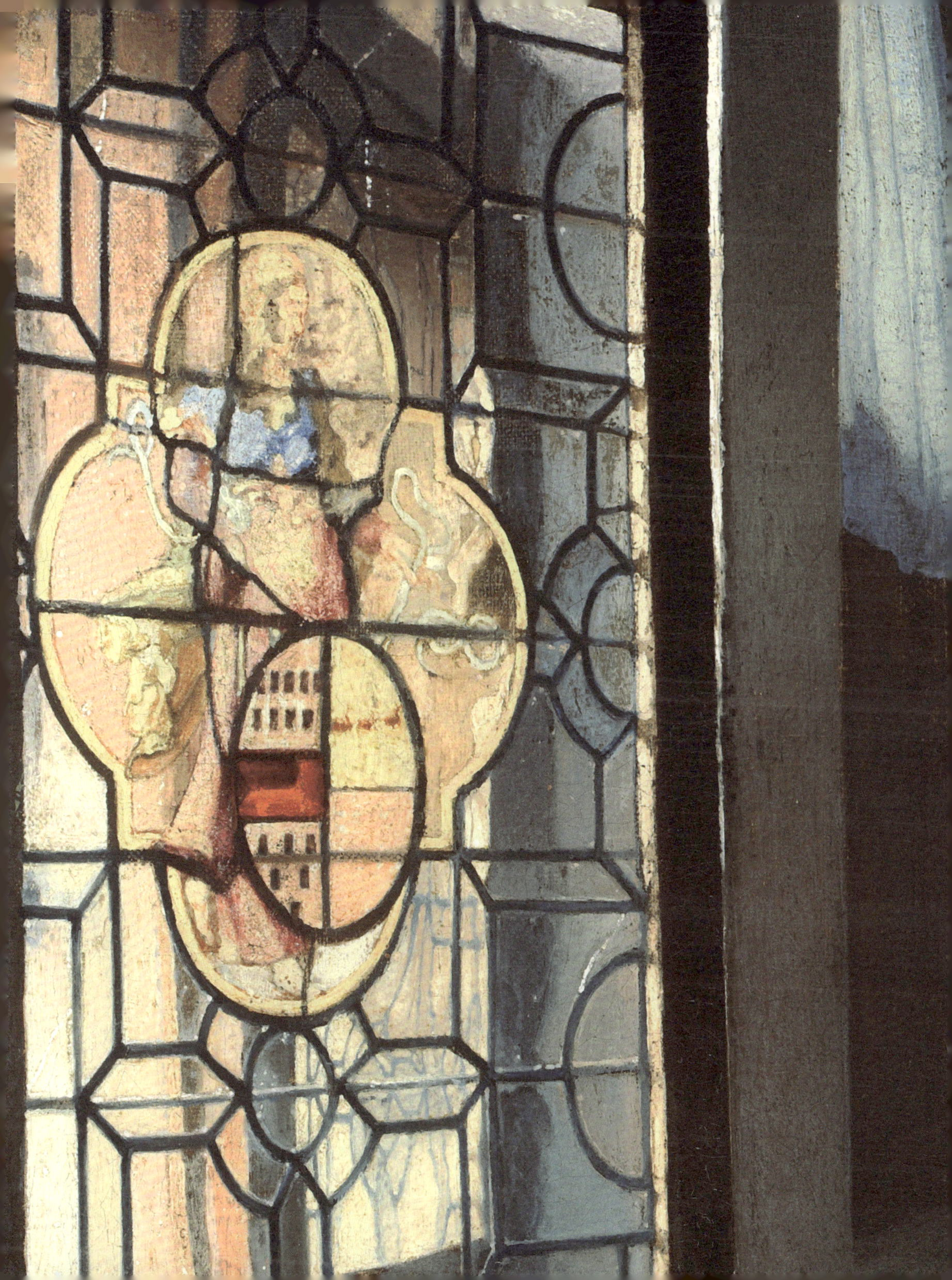

地砖的纹理表现出向后延伸的空间，透露了维米尔对透视法的兴趣。交叉纵横的方砖是维米尔及同时代荷兰画家经常使用的标志性元素

维米尔出生在画商家庭，可以说从事绘画是子承父业。维米尔在 21 岁时加入了代尔夫特画家公会，并先后两次做过公会的领导人，在当时享有一定的声誉。维米尔有 11 个子女，为了抚育这些孩子，他承担着沉重的经济压力。有时，为了抵债，他用画作来充当钱财，这导致他的作品一直没有得到统一的管理，四处流散。他本人在荷兰画坛一度销声匿迹。直到 19 世纪 50 年代，他的艺术才华才被法国艺术评论家泰奥菲勒·杜尔-伯格发现。

据统计，维米尔现存的作品中，女性人物共有 40 位，男性人物共有 13 位。其作品大多数取材于市民日常生活，描绘的是静谧的室内空间，窗户一般设在画面左边，光线从左侧的窗口透进来。虽然他的构图看上去十分简单，却能够对观众产生持久的吸引力。

维米尔的绘画技法非常隐秘，但基本可以断定，他经常使用一种类似于摄影技术的暗箱技术。这种技术可以极其精确地捕捉光线和色彩，甚至可以保留中间极为丰富的过渡色阶。维米尔的绘画不指向逼真模仿，而是指向大家都能明显感觉到的真实但又超出真实的绘画技法中。

有人说维米尔的《葡萄酒杯》中女子的姿态，其灵感可能来自彼得·德·霍赫大约 1658 年创作的《荷兰庭院》，但两幅画对于环境的布置非常不同：维米尔画的是室内空间，霍赫画的则是室外空间。值得称道的是，维米尔绘制的场景比霍赫的作品更精致、更优雅，这体现在了衣着、桌布、镀金画框和玻璃彩绘等细节上。

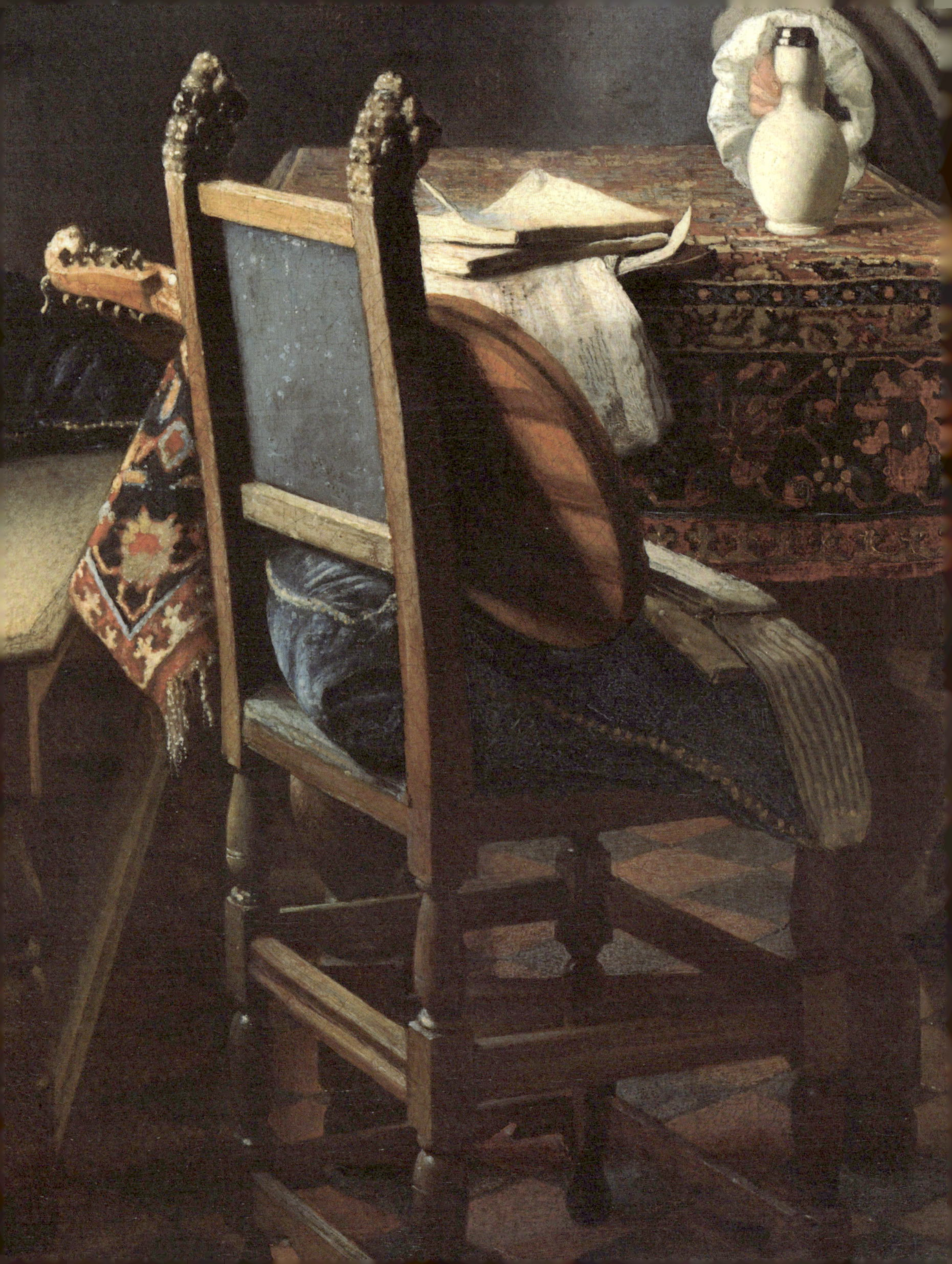

男人拿着酒壶，注视着女人，准备为她倒酒，似乎想让她多喝一点儿。他身上的服装看起来非常顺滑，分明的层次体现出了维米尔精湛的画工

← 在这个狭小的空间里，桌子上摆放着几本书，椅子上有一把西特琴。不知道画中的男人有没有为女人念诗或者弹琴

女人喝着酒,但玻璃杯似乎挡住了她的眼睛,这个动作也许反映出她非常害羞,不敢与面前这个男人直接对视

荷兰庭院
彼得·德·霍赫
约 1658 年 69.5cm×60cm
藏于华盛顿国家美术馆

法国戏剧中的爱情

让-安托万·华托（1684—1721），法国画家，洛可可艺术的代表人物，被称为"18世纪所有法国画家中最富有法国色彩的画家"。

1716年
37cm×48cm
布面油画

戏剧在华托的艺术生涯中占据极其重要的位置，那是他毕生的爱好之一。1705 年，华托告别原先机械的临摹工作，跟随舞台艺术家克劳德·吉洛特，正式走上了艺术创作之路，这也成为他一生的转折点。

《法国戏剧中的爱情》描绘的是神话故事里的一幕：舞台中心是美丽大方的女主角，她凝视着对面戴草帽的红衣绅士；后面的酒神（头戴葡萄叶的男人）正躺在石凳上，与丘比特（佩带箭筒的人）干杯共饮，而舞台左侧阴影下的乐队则在为这场戏剧提供配乐。酒神似乎想跟爱神丘比特达成共谋，要让舞台中央的那对男女主角产生情愫，抛开理性的束缚，喜欢上彼此。

华托还画过类似的作品——《意大利戏剧中的爱情》，它被人们看作《法国戏剧中的爱情》的姊妹篇。《意大利戏剧中的爱情》画风更加轻松，视角也被拉近。有文献记载，画家非常熟悉法国里科博尼的假面剧团，这个剧团在 1697 年被逐出法国，又于 1716 年重返。"假面剧"起源于16、17 世纪的意大利，其形式是一种即兴喜剧，只设定基本的剧情框架，细节内容由演员们即兴发挥，因此风格比较活泼生动，当时深受人们的喜爱。画家很可能是得知了 1716 年假面剧团重返法国的消息，根据这一事件创作了油画。远方冷冷的月光与炙热的火炬形成鲜明的对比，在黑夜中表现出轻松欢快的氛围。《法国戏剧中的爱情》《意大利戏剧中的爱情》从 1769 年开始就被收藏在腓特烈大帝的私人乐园忘忧宫内的画廊中。

让-安托万·华托是法国 18 世纪洛可可时期最重要的画家。1702 年，华托来到巴黎，最初在画廊里当学徒工，临摹一些古典作品以赚取生活费。

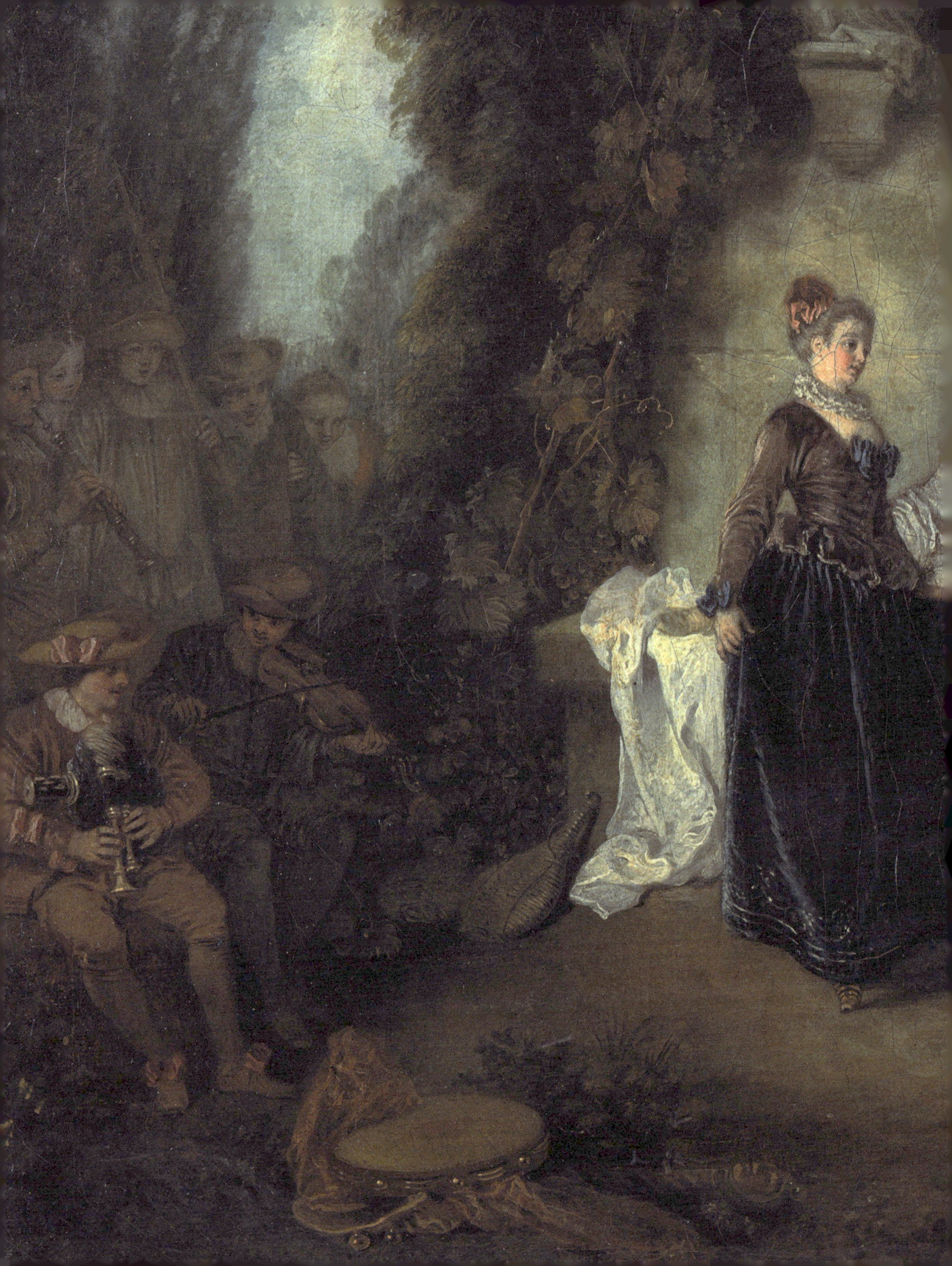

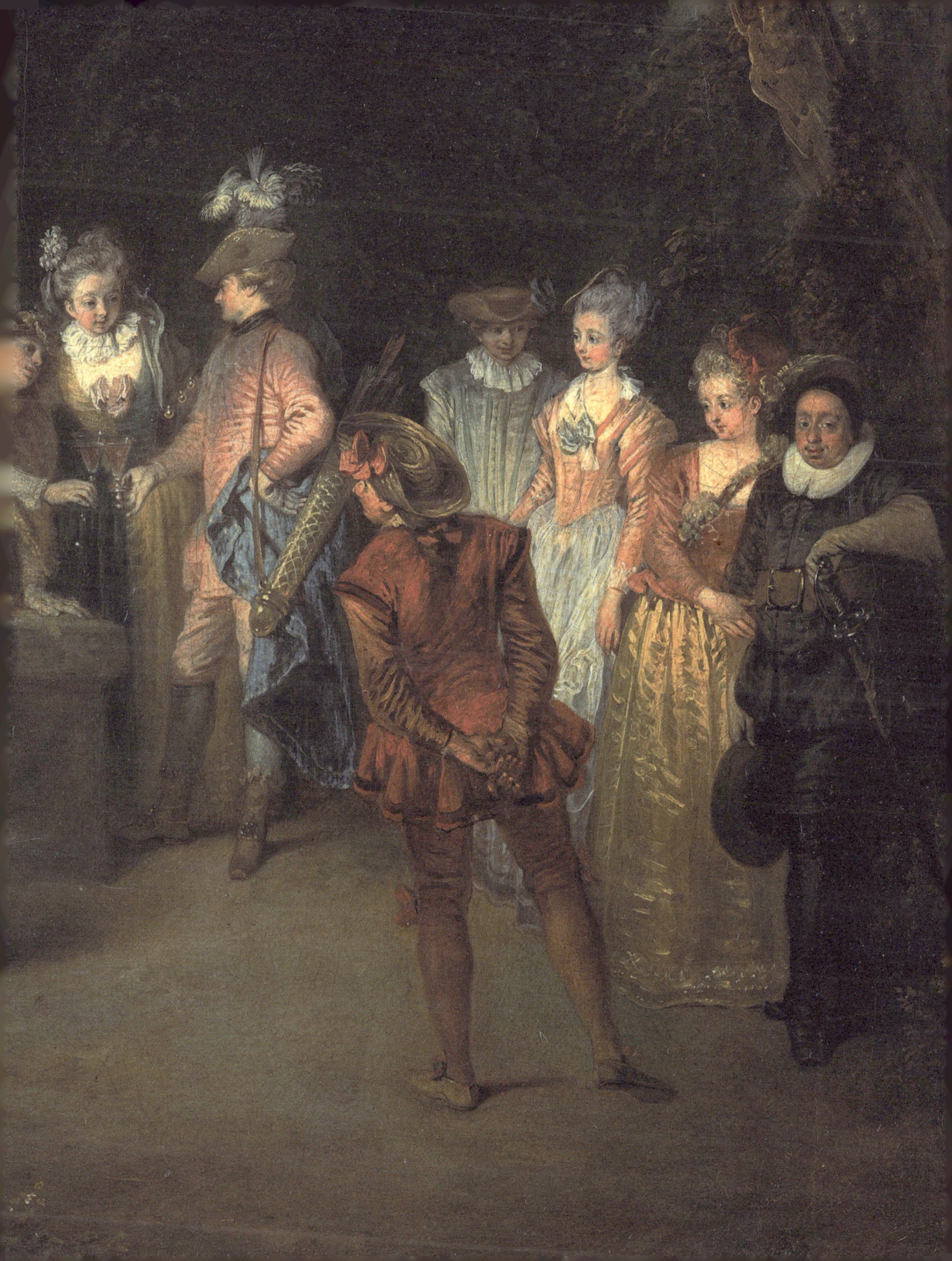

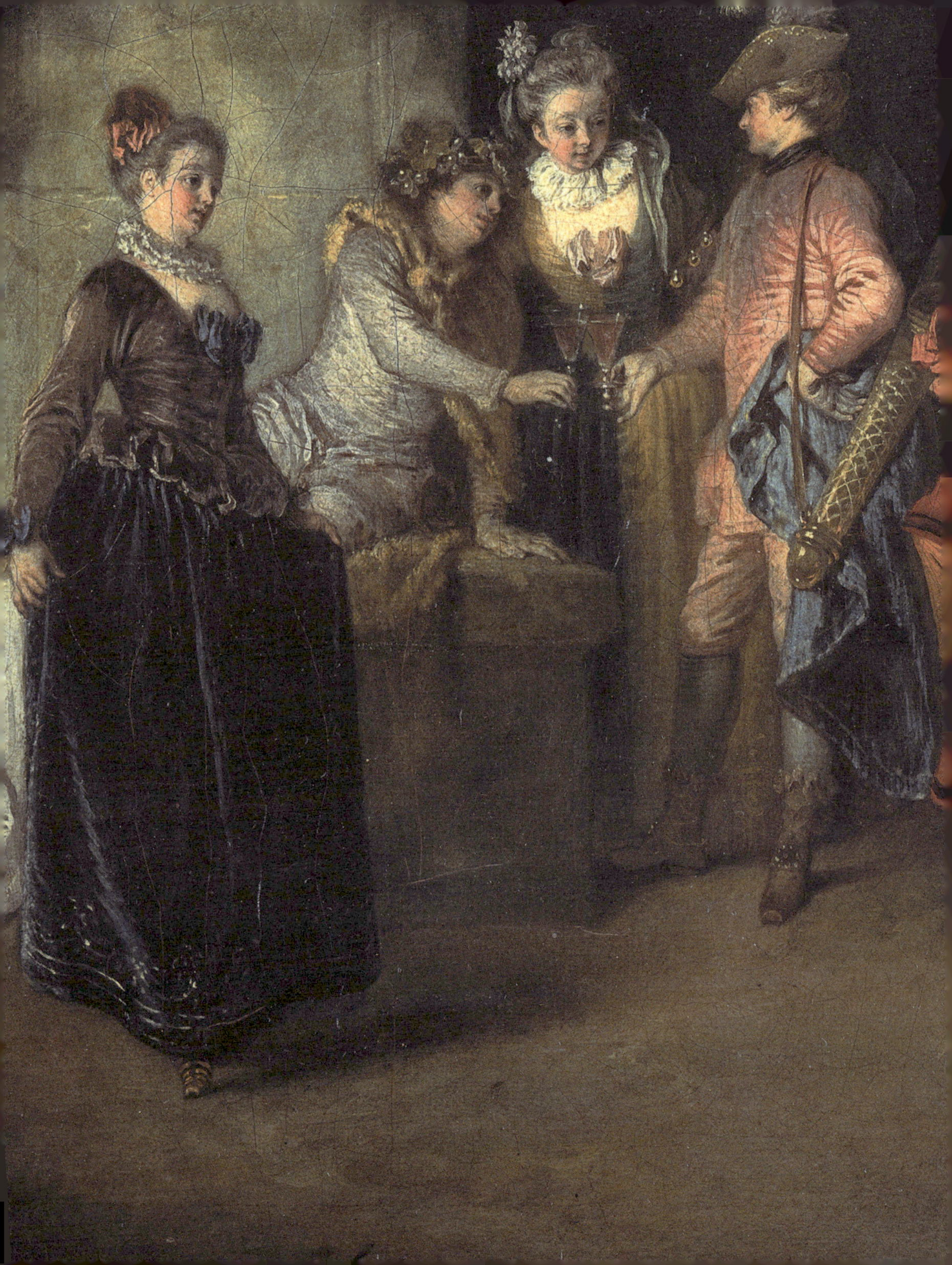

1705 年，他被克劳德·吉洛特聘为助手，后来对戏剧产生了浓厚的兴趣。

1709 年，华托参加皇家美术学院举行的绘画比赛，获得了二等奖。一年之后，华托再次参加比赛，以《舟发西地岛》获得评审团的青睐，之后被纳为法国皇家美术学院的正式成员。到了 1717 年，华托先后创作了三幅与《舟发西地岛》题材相同的作品，并成为法国皇家美术学院的院士。

家境一般且从小身体健康状况不佳的华托虽然获得了成功，却由于过度辛劳，患上了肺病。1719 年，他赴伦敦求医，并听从医生的建议，到意大利疗养，此间仍然继续创作。1721 年 7 月 18 日，37 岁的华托在自己的画室中因肺病复发而逝世。纵观他一生的作品，在极尽浮华的洛可可风格下，每一幅描绘纨绔子弟游戏人间的作品中都隐藏着画家哀伤的笔触。

戏剧的女主角，她动作矜持，却掩饰不住内心的喜悦，似乎快要接受男主角的求爱了
戏剧的男主角，他穿着大红色的套装，这显然是为了吸引女主角的注意

099

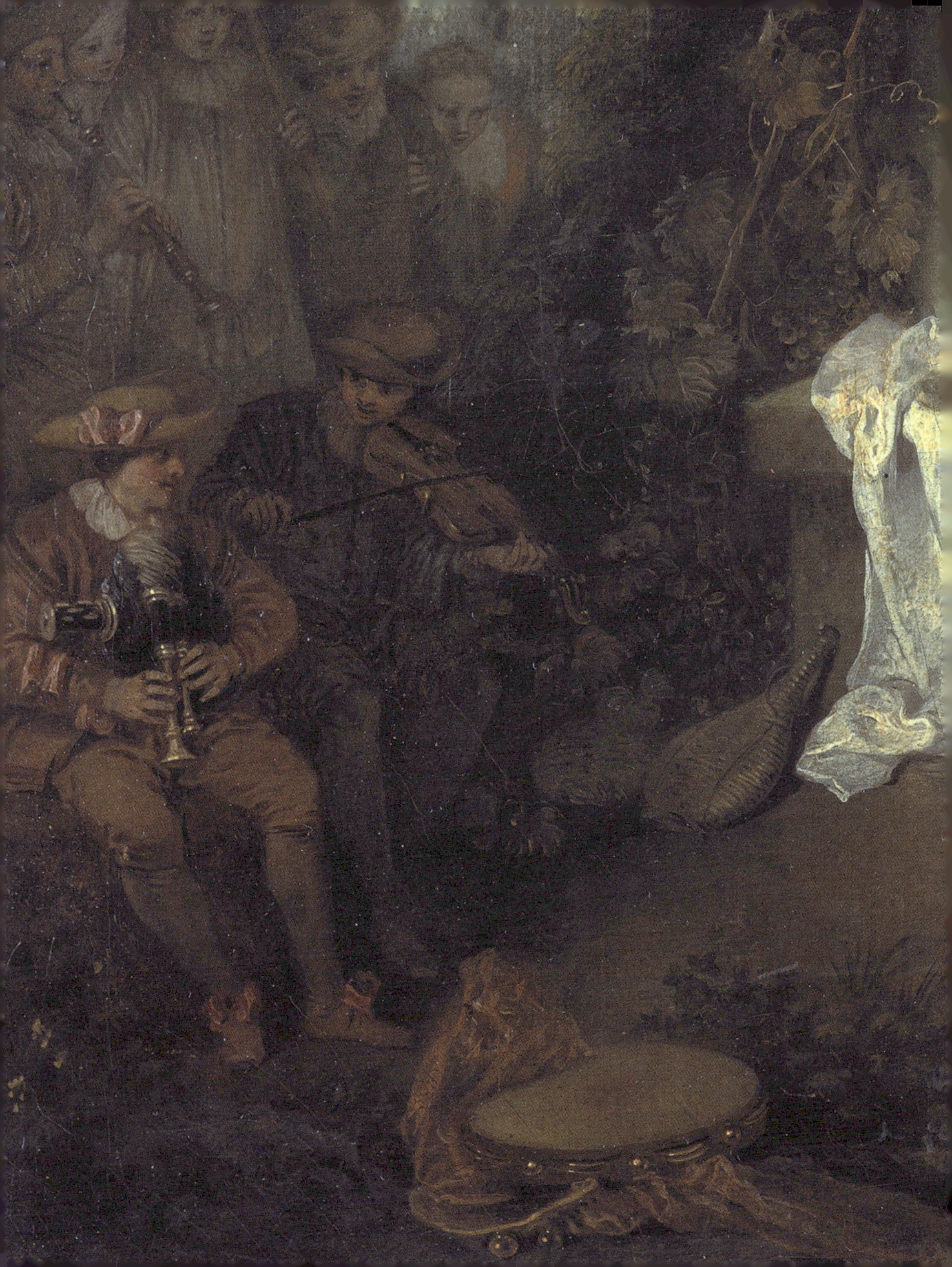

酒神与爱神丘比特正在干杯共饮,暗示着舞台中央的男女主角一见倾心,他们的存在更强烈地烘托出"戏剧爱情"这一主题

← 为戏剧配乐的是一个乐队,他们是幕后人员

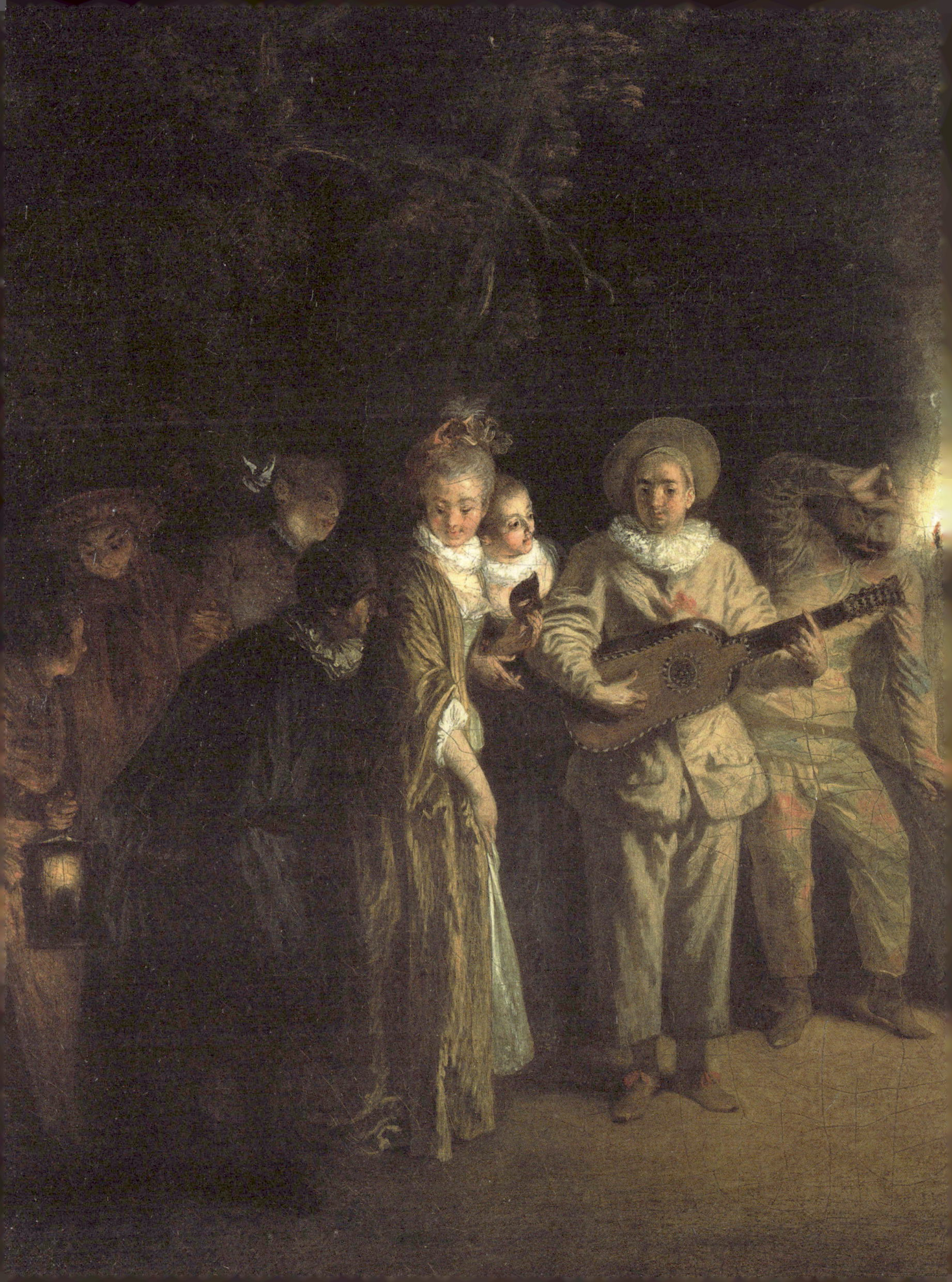

意大利戏剧中的爱情
约 1716 年　37cm×48cm
布面油画
藏于柏林国家博物馆绘画陈列馆

腓特烈大帝

安托万·佩斯内（1683—1757），法裔宫廷画家，从巴洛克风格开始，成为洛可可式绘画的代表人物之一。他的作品体现了法国学派与洛可可风格之间的联系。

1739年
80.5cm×65cm
布面油画

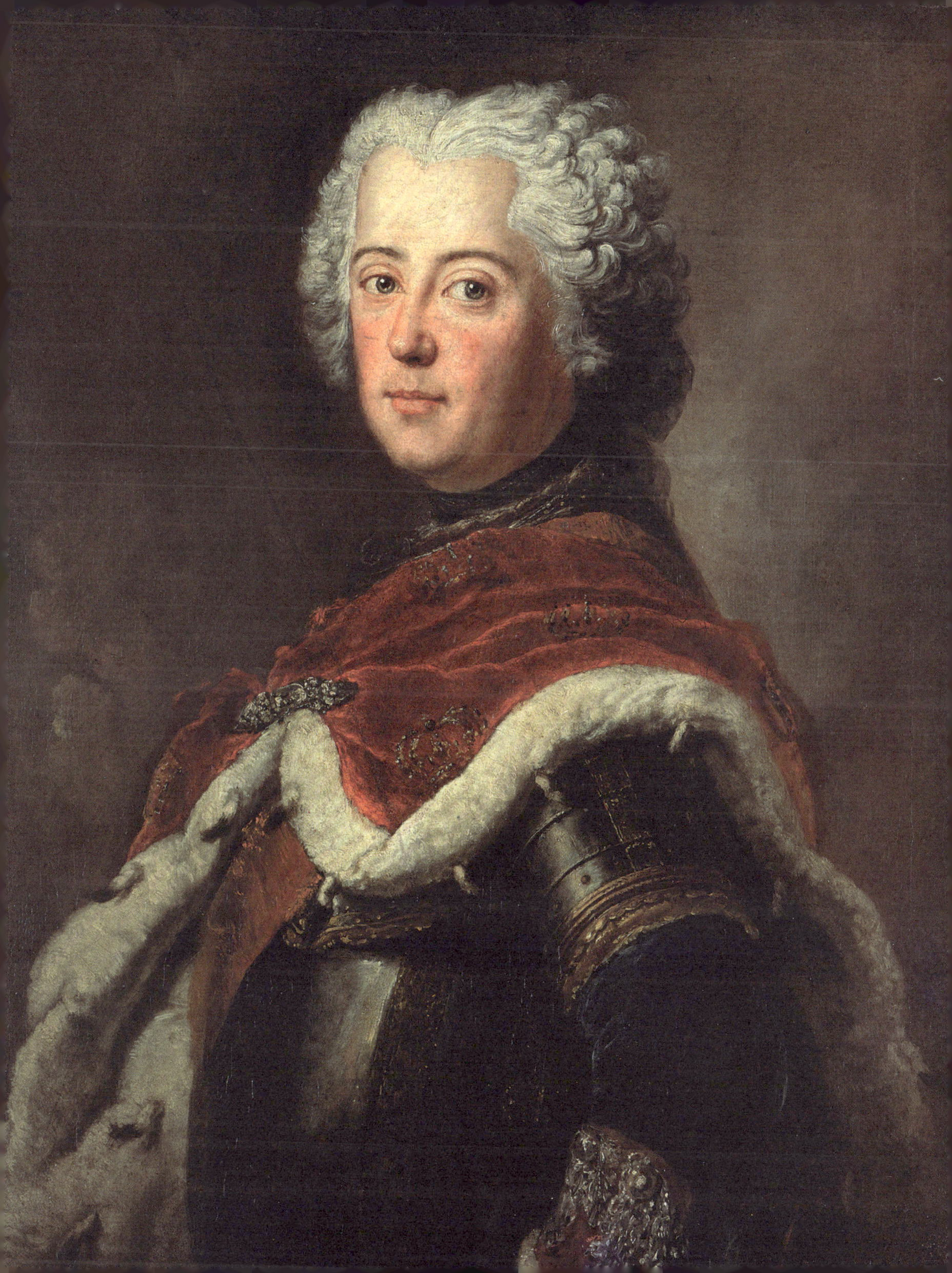

画中的人物是腓特烈二世，后世尊称他为腓特烈大帝。他的名字偶尔也被译作弗里德里希二世。腓特烈大帝是霍亨索伦王朝的第三位普鲁士国王（1740年5月31日至1786年8月17日在位）。这位国王不仅是德国历史上著名的军事家和政治领袖，最终统一了德国，还是作家和作曲家，热爱文学和艺术。1871年之前的德意志（全称为"德意志神圣罗马帝国"）实际上是由几个组织松散的邦国组成的，其中有两个实力强劲的邦国，一个是勃兰登堡－普鲁士，另一个是奥地利。腓特烈二世就出生在前普鲁士邦国的首都柏林，他是一位兼具铁血与柔情的君王。一方面，他手腕强硬，发动过两次西里西亚战争，经过了七年征战，在有生之年将15个德意志邦国组成统一的诸侯联盟；另一方面，他在少年时就显露出突出的艺术气质，在位期间给予文化事业巨大的财政支持，施行"开明君主专制"。

腓特烈二世的治国政策与他父亲统治时"重武轻文"的大政方针非常不同，他的父亲鄙视一切华而不实的文艺作品。腓特烈·威廉一世把波茨坦和柏林的王室公园改造成了阅兵场来训练士兵，把所有财政拨款都花在了军事上。而腓特烈二世坚持"文武并重"的政治策略，在当时法国启蒙运动传播到德意志的历史背景下，他倡导文化教育事业的发展，并非常尊重知识分子。那时，欧洲的宫廷贵族和知识分子都流行戴白色假发，它是富有智慧的象征，这也解释了为什么画中的腓特烈二世会戴着白色假发。敬重知识的腓特烈二世召回大部分流亡在外的普鲁士学者，恢复了柏林研究院，还聘请了许多外国科学家来普鲁士，以提高国家的科学研究水平。他亲手打造了忘忧宫，并邀请许多启蒙思想家去他的宫廷中做客，向学者们请教知识。当时大名鼎鼎的伏尔泰也是忘忧宫里的一位座上宾。

《腓特烈大帝》是描绘年轻的腓特烈大帝的官方画像，通过人物面貌特征展现了其性格上的独特方面：他的碧眼熠熠生辉，目光端正，嘴唇弯出

头戴的白色假发，既显示出人物的贵族身份，也是富有智慧的象征

优雅的弧度，表明他既有活泼的一面，又有庄重的一面。佩斯内所绘的这幅肖像画中舍弃了腓特烈大帝暴躁易怒的细节特点。

腓特烈大帝在政治方面成就颇高，他为普鲁士的巩固与扩张作出了巨大贡献，此外，他还满怀热情地推广艺术与支持科学的发展。因其兴趣促成了柏林和波茨坦的宏伟建筑计划以及美术馆的建筑工程，这间美术馆到19世纪便成了柏林美术馆。

安托万·佩斯内出生于法国，在他父亲和叔叔的熏陶下学习艺术。1704年，他赴意大利皇家学院进修。1710年，他被普鲁士国王腓特烈一世召至柏林，并得到国王的认可。1722年，佩斯内成为柏林艺术学院院长，并以绘制普鲁士王室的肖像而闻名，之后一直为皇家效力。佩斯内的艺术风格与法国路易十四在位时期的王室风格相似。莱茵斯堡及后来的柏林忘忧宫里的大多数室内装饰作品都出自佩斯内之手。

小链接

腓特烈二世的爷爷腓特烈·威廉·冯·霍亨索伦（腓特烈一世）继承了奥兰治王朝遗留下来的艺术品，并把这些作品汇集到了柏林，成为柏林城市宫艺术珍宝馆最核心的收藏资源，有的作品被挂在王室的居所中。

腓特烈三世延续了腓特烈二世的统治道路，为了推进公共教育，他把艺术品从王宫搬到美术馆，以供大众观赏。腓特烈三世为此专门设置了艺术委员会，成员都是当时极有声望的建筑师和知识分子，此外他还花重金收购了一系列在艺术史上占据重要地位的杰作。尽管其间遭到了法国拿破仑战争的干扰，美术馆还是在1830年顺利落成，其藏品质量毫不逊色于其他国家的王室收藏。

腓特烈大帝在忘忧宫的圆桌会议
阿道夫·冯·门采尔
1850 年　203cm×172cm
布面油画
1945 年毁于战火

腓特烈大帝在忘忧宫的长笛演奏会
阿道夫·冯·门采尔
1850 年—1852 年　142cm×205cm　布面油画
藏于柏林老国家美术馆

热气球升空

弗朗切斯科·瓜尔迪（1712—1793），意大利画家，出生于威尼斯，贵族。他和他的兄弟们被认为是威尼斯经典绘画学校的最后一批从业者。

1784 年
66cm×51cm
布面油画

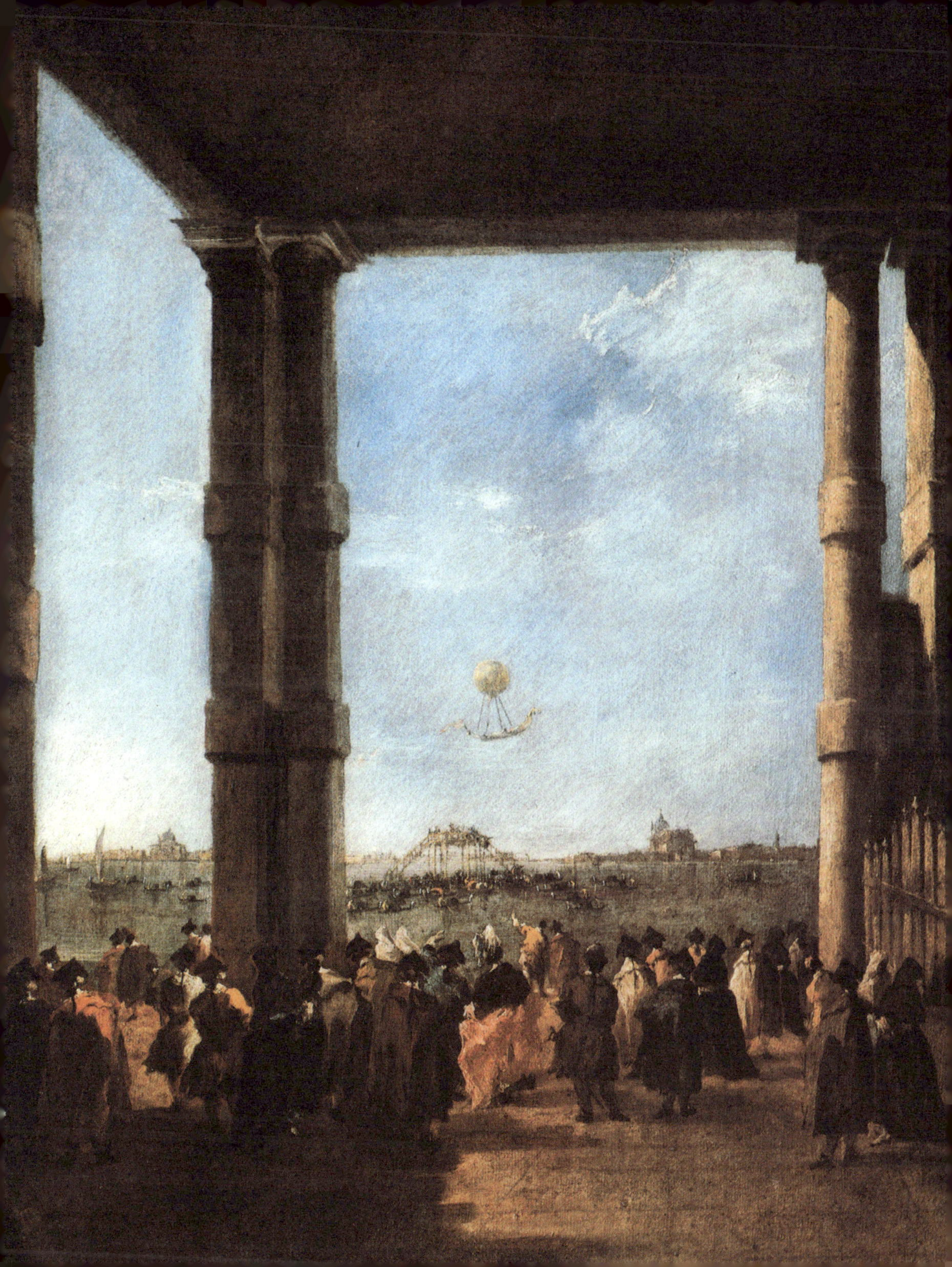

威尼斯是一座水城，没有马路，只有水道。这是朱代卡水道，两岸是威尼斯救主堂和西德拉教堂。画中的热气球与真实的热气球不太一样。真实的热气球是气球体积大，载物舱体积小；画中的热气球呈现出相反的比例，这也许是画家想象出来的样子

这幅画表现的是热气球第一次在威尼斯共和国升起的场景。但这次的热气球升空并不是人类历史上的第一次，它比孟格菲兄弟首次热气球试飞成功晚了一年。不过热气球飞行器的发明，在当时是一个轰动世界的事件。飞行是一件如此浪漫、神奇的事情，而热气球可以载人飞行，于是引起很多学者和大众的关注。正如画面中所描绘的，成千上万的群众来到街上，渴望见证奇迹的发生。热气球试飞的成功为很多文艺工作者提供了素材，这一时期涌现了很多与热气球相关的诗歌，出现了许许多多印有热气球图案的钱币、工艺品等。

不过根据相关版画的记录，这次的飞行试验发生在圣马可水道一带，应该是位于广场一侧的大运河入口处。而画家瓜尔迪却将热气球升空的场

景设置在了威尼斯救主堂和西德拉教堂之间的朱代卡水道处。我们或许可以推测，画家在作品中改变了真实历史事件发生的地点。虽然这幅画不是严格意义上的历史题材作品，但是它同样反映了一个真实事件——热气球升空。我们不必责怪画家替换场景，或许他是为了让整个画面显得更加赏心悦目才构思了新的场景。

1712年出生的弗朗切斯科·瓜尔迪是一位意大利画家，他出身于贵族家庭，被认为是印象主义的先驱和威尼斯画派的最后一批实践者之一。瓜尔迪生前作品并不受重视。1782年，他受威尼斯政府委托，创作了六幅画，以庆祝俄国大公爵的来访，另外还创作了两幅纪念教皇庇护六世的画作。瓜尔迪受加纳莱托的影响，热衷于描绘威尼斯的风景。他笔下的风景与威尼斯建筑群相得益彰。他擅长画水、船舶，用色醇厚，构图严谨，时而富于想象。瓜尔迪的绘画风格因其独特的小色点和活泼的笔触而被称为"触觉式"风格。

小链接

你知道吗？人类第一次升起热气球，发生在1783年6月4日，孟格菲兄弟发明的热气球上升到1000多米高，并在距离出发位置2000米的地方降落。

1783年9月19日，孟格菲兄弟在法国国王面前进行了升空试验，气球载着一只羊、一只鸭子和一只公鸡飞上了天空，经过10分钟（一说8分钟）、3500米左右的飞行历程，最后平安着陆。1783年11月21日，两兄弟再次用热气球进行载人飞行试验。气球从巴黎西部的布洛涅林苑起飞，在空中"飞行"了25分钟，最后安全降落到今天巴黎十三区的意大利广场附近。这是人类第一次学会"飞行"！1783年10月10日，孟格菲兄弟被推荐为法国科学院院士。

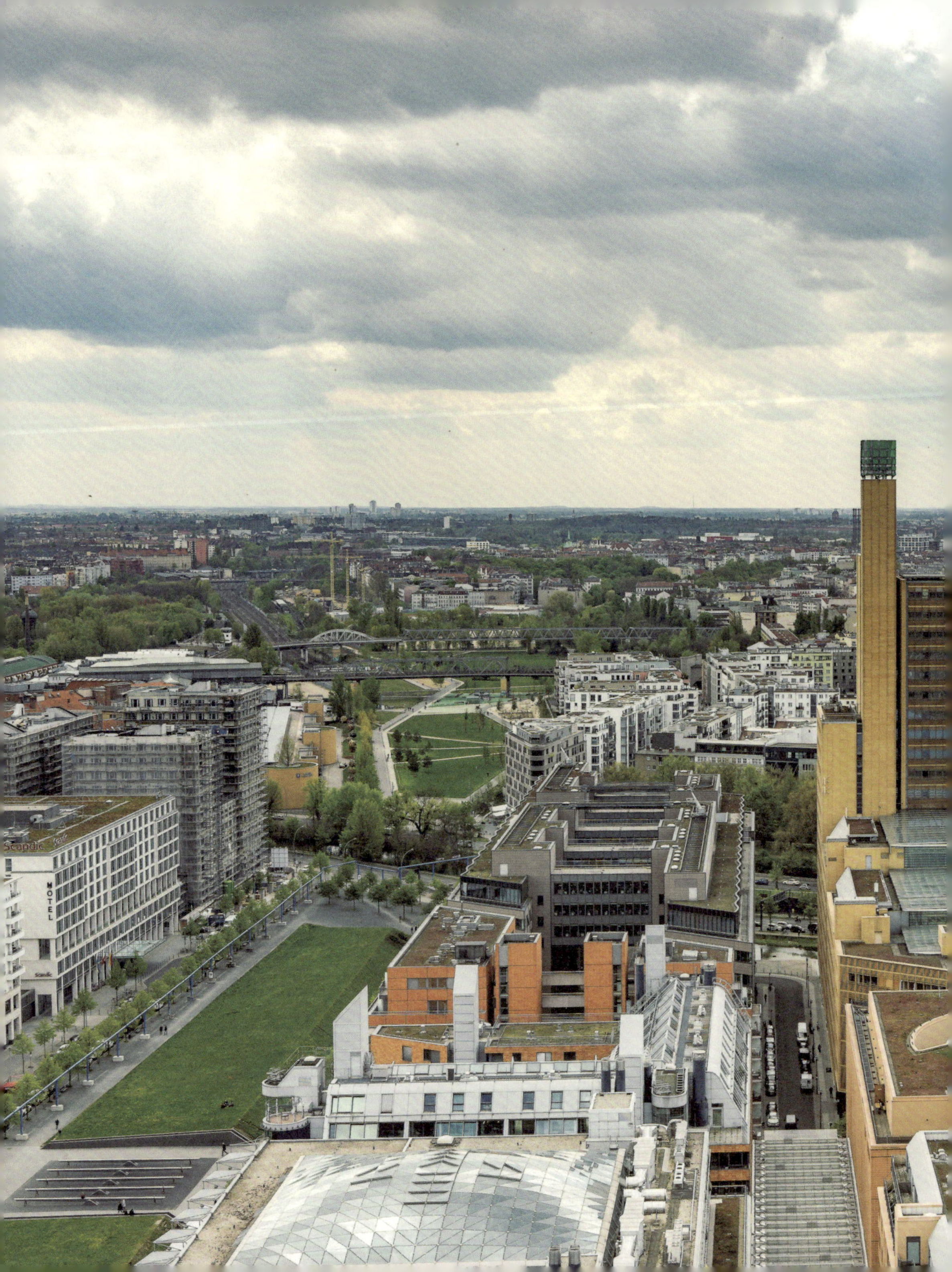

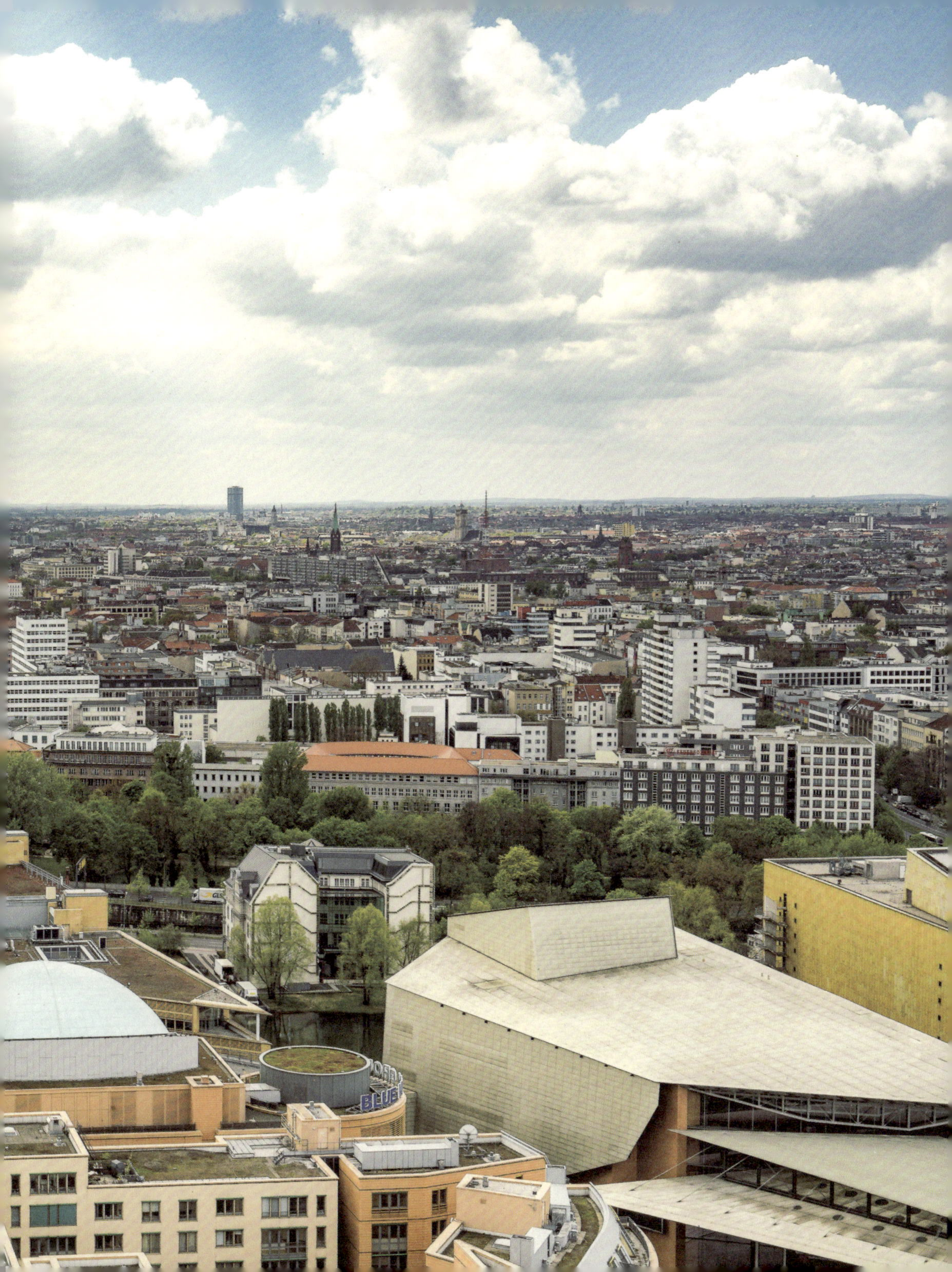